BLUE BOOK ON THE DEVELOPMENT OF LAWYER INDUSTRY IN TIANHE DISTRICT OF GUANGZHOU CITY

广州市天河区律师业发展蓝皮书

广州市天河区法学会 编

法律出版社
LAW PRESS·CHINA

图书在版编目(CIP)数据

广州市天河区律师业发展蓝皮书/广州市天河区法学会编. -- 北京:法律出版社,2018
ISBN 978-7-5197-2466-5

Ⅰ.①广… Ⅱ.①广… Ⅲ.①律师业务-发展-研究报告-天河区 Ⅳ.①D927.654.654

中国版本图书馆CIP数据核字(2018)第160348号

广州市天河区律师业发展蓝皮书
GUANGZHOUSHI TIANHEQU LÜSHIYE FAZHANLANPISHU

广州市天河区法学会 编

策划编辑 许 睿
责任编辑 许 睿
装帧设计 李 瞻

出版 法律出版社
总发行 中国法律图书有限公司
经销 新华书店
印刷 北京虎彩文化传播有限公司
责任校对 张红蕊
责任印制 吕亚莉

编辑统筹 法规出版分社
开本 A5
印张 5.125
字数 116千
版本 2018年7月第1版
印次 2018年7月第1次印刷

法律出版社/北京市丰台区莲花池西里7号(100073)
网址/www.lawpress.com.cn
投稿邮箱/info@lawpress.com.cn
举报维权邮箱/jbwq@lawpress.com.cn
销售热线/010-63939792
咨询电话/010-63939796

中国法律图书有限公司/北京市丰台区莲花池西里7号(100073)
全国各地中法图分、子公司销售电话:
统一销售客服/400-660-6393
第一法律书店/010-63939781/9782 西安分公司/029-85330678 重庆分公司/023-67453036
上海分公司/021-62071639/1636 深圳分公司/0755-83072995

书号:ISBN 978-7-5197-2466-5 **定价**:25.00元
(如有缺页或倒装,中国法律图书有限公司负责退换)

《广州市天河区律师业发展蓝皮书》

编委会名单

目　录

前　言

天河区律师事业的发展紧跟天河区社会、经济、文化发展的步伐。1985 年 5 月 24 日，国务院正式批准广州市设立天河区，同年 12 月，广州市天河区律师事务所成立，有 3 名专职律师根据《中华人民共和国律师暂行条例》开展工作。20 世纪 90 年代起，天河区开始成为广州市经济快速发展的核心区域，天河区的律师业也同步发展。1994 年，天河区成立第一个按国际通行的合伙制形式组建的非公办律师事务所。1997 年，当时为“亚洲第一高楼”的中信广场建成并投入使用，与天河体育中心、广州东站连成一线，自此天河区的新城市中心地位呼之欲出，中信广场便成为律师事务所集中入驻的地标，而中信广场所在的天河北路也成为天河区律师事务所聚集的区域之一。2003 年，随着北京朝阳 CBD、上海陆家嘴 CBD、广州天河 CBD 这三大 CBD 陆续获得批准挂牌，天河区 CBD 就已稳固地树立起国际化城市形象的窗口地位。与此同步，当时珠江新城亦成为广州市律师事务所高度集聚的区域，广州市接近三分之一的律师事务所集聚在珠江新城及其周边地区。

天河区是广州城市现代化的象征与标志。区内城市核心功能发达，交通便利，人才会聚，集中了大量的金融、商贸、文化、计算机行业以及商务办公楼和酒店，拥有非常便捷的交通网络和现代化的信息交换系统等基础设施以及良好的环境，大量公司、企业财团在此开展商务活动。据统计，天河区拥有全市1/4以上的总部型企业、全市70%的金融机构、以全球四大会计师事务所为龙头的全市1/3的会计师事务所、1/5的地产中介公司、40余栋税收超亿元的商务楼宇，天河区已成为华南地区总部经济效应最为突出的区域。天河区的经济以第三产业为主导，如同银行、保险、信托、证券、中介、会计等行业一样，众多法律服务机构亦云集于此。律师事务所高度集聚，是天河区律师业发展的重要特征。截至2016年4月，天河区内共有律师事务所197家，占全市律师事务所总数的33.67%；律师4275人，占全市律师总数的41.94%。其中，共有156家律师事务所分布在以天河北为核心的区域和以珠江新城为核心的区域。统计资料显示，广州市2016年创收超过1亿元的律师事务所共有8家，全部在天河区范围内。

繁荣的律师业是市场经济条件下城市发展过程中的必然产物，同时，也是国际大都市必不可少的标志。与天河区经济快速发展相适应，律师介入各类经济事务的领域越来越广泛。金融类业务、信托类业务、知识产权类业务、涉外业务、资产并购与重组类业务、法律顾问类业务和家族财富传承类业务等新型业务范围的扩大，专门化律师数量的增加，以及专业律师事务所的出现，是天河区律师业务发展的另一重要特征。

党的十九大报告明确全面推进依法治国的总目标是建设中国特色社会主义法治体系、建设社会主义法治国家。律师既是中国特色社会主义的法律执业者,也是中国特色社会主义事业的建设者和捍卫者,参与构建公正与法治的社会,是律师的职责与价值所在。天河区律师参与人大工作,担任人大代表和立法顾问,通过提交立法修改的议案,促进完善立法、依法行政和司法公正;天河区律师参与政协工作,担任政协委员,提交有关议案,推动公共政策进一步完善与发展。通过参与法律援助、"一村(社区)一法律顾问"活动等,天河区律师扎根基层、化解矛盾、服务村居、传播法律知识。

天河区律师积极履行自身的职责,不断拓宽业务领域,介入社会生活的各个方面,为维护社会的公平和正义,维护各种主体的合法权益,在社会各个领域、各种层面上发挥法律人的专业技能,高效、创新地服务社会。

天河区的律师事务所在管理创新、业务开拓、社会服务、盈利能力和对外合作方面取得了丰硕的成果。律师事务所在内部管理改革、律师事务所文化培养、党的建设及律师人才的培育等方面亦颇具特色,这既可以在各律师事务所的自身建设中看到具体事实,也可以从天河区律师参与律师行业各项比赛中获得的成绩中看到全貌。

本蓝皮书对天河区律师业发展的特征、收入、律师业务系数以及法律服务产业发展趋势等各方面进行分析,从中可见天河区已营造出一个适合律师执业的高端从业环境。天河律师执业高端从业环境的形成有赖于天河区强有力的地方经济支撑:地方经济量的发展能提供充足的业务量和资金;地方经济模式的创新,也能提供律师业务创新的各项机遇。天河律师执业高端从业环境的形成也离不开天河区委、区政府的鼎力支持，天河区司法行政部门坚持服务与管理并重，主导律师业规划，履行律师业管理的大量政府职能，为天河区律师业的良性发展提供各种信息和帮助，这都是推动天河区律师业发展的重要力量。

随着新常态下我国市场经济的进一步完善和发展，特别是党的十九大召开以来，在习近平新时代中国特色社会主义思想的指引下，律师事业也将呈现新的趋势，迎来新一轮的发展。在经济发展的新常态下，律师行业面临哪些历史性机遇，律师业务发展的走向如何，这是摆在我们面前的一个重要课题，需要我们在深入分析经济发展新常态的变化中，研究和发现律师业务未来发展的新趋势。与经济发展的需求同步，在引进中国总部或华南地区总部有强大带动力的龙头律师事务所、开拓高端新型法律服务业、开发法律服务新产品等方面，天河区律师业的发展还有广阔的创新空间。

天河区律师业的发展取得如此成就，值得将之记录下来。天河区法学会独具慧眼，着力牵头开展调研，华南师范大学法学院具体承办，联合推出编写本蓝皮书。值得一提的是，与云集于天河区的众多律师执业机构相呼应，天河区也有着众多高水平大学的法学院。法学院的法学家们在学术领域有丰富的理论研究，律师们在实务领域有宝贵的法律经验，两者协同共进，这也是本蓝皮书能够编纂成功的重要资源。截至目前，我国已有全国范围的律师业蓝皮书问世，省、市律师业蓝皮书也屡见出版，但作为区一级律师业发展的记载，以区为单位的律师业发展的蓝皮书尚未首见，因此，在法律学术著述中，本蓝皮书具有相当的创新价值。

需要说明的是，因课题组调研、撰写和修改时间持续较长，大部分数据和资料源于2015—2017年。另外，虽然作者们竭尽全力，但囿于经验、能力的不足以及律师事业区级数据获取方面的特殊困难，本蓝皮书中一定存在若干不足之处，敬请各位读者批评指正。

第一章　天河区律师业的发展历程

从行政建制的角度来看，天河区是一个年轻的行政区，只有32年的历史（1985—2017年）。在新中国成立之前，天河属于以农业为主的郊区，经济并不发达。清末由于外国人的进入和领事裁判权的设立等原因，广州成为早期开办律师业务的城市之一，但律师事务所最初只限于开办在越秀区，主要是在法政路上。天河地区与律师业的关联最早可溯至20世纪30年代，主要与培养律师有关的法科教育由于动乱的原因搬迁到天河五山地区有关。

1979年6月，广州市法律顾问处正式成立，这是“文革”后全国第一批恢复的律师工作机构之一，地点在广州市越秀区。1981年，郊区法律顾问处成立，其覆盖范围包括天河地块，亦为天河区法律顾问处的前身。1985年天河区成立后，天河区律师事务所也随之成立。截至1990年年底，天河区只有一家律师事务所，该所工作人员最多时只有9人，其中专职律师3人，兼职律师5人（包括特邀律师2人），取得律师资格的有7人，具有本科法学学历的有1人,56岁以上的有3人。[①] 统计数据显示,1990年广州市共有23家律师事务所,天河区律师事务所的律师人数在全市排名倒数第二,仅多于增城区律师事务所的律师人数;同时期越秀区内有10家律师事务所,律师总数为477人[②]。简言之,在20世纪90年代,天河区的律师业发展相对落后。无论在事务所总数和律师总人数上都根本不能与当时的越秀区相提并论。

1985年,天河区的律师事务所只有一家,工作人员共有9人,占全市律师事务所工作人员的1.4%。2000年年底,办公地址在天河区内的律师事务所只有11家,同时期广州市共有律师事务所88家,天河区的律师事务所占全市律师事务所总数的13%。2008年,办公地址在天河区的律师事务所为88家,约占广州市律师事务所总数的25%。2013年,参与广州市天河区司法局律师年检的律师事务所跃升至172家,约占广州市律师事务所总数的33%。[③] 2014年,根据广东省律师协会的统计资料和广州市天河区司法局律师年检资料显示,参加天河区司法局2014年度律师年检的律师事务所共有176家,执业律师3800名,天河区的律师事务所总数和执业律师总数首次超过广州市越秀区,办公地点在天河区的律师事务所约占全广州市律师事务所总数的1/3,律师总数占广州市全市律师总数

① 资料来源:广州市司法局1985—1990年统计报表。

② 资料来源:广州市司法局1990年统计报表。

③ 资料来源:广州市天河区司法局2014年统计报表。

的1/3强。[①] 截至2016年4月,办公地点设立在天河区范围内的律师事务所有197家,执业律师共有4275名。[②]

境外律师事务所在广州市天河区的发展与境内律师事务所的发展轨迹相似。2000年以前,外国律师事务所中国代表处和香港律师事务所内地代表处基本上设立在越秀区。2004年,代表处设立在天河区的境外律师事务所数量实现零的突破并逐年增加。司法部公布的数据显示,截至2016年,办公地点设在天河区的外资律师事务所代表处和办公地点设在越秀区的外资律师事务所代表处在数量上已经相等。[③]

经过30年的发展,境内律师事务所在天河区设立办公场地从一家律师事务所开始,发展成为广州市内律师事务所设立办公场地最多的地区;而境外律师事务所广州代表处则从零开始,发展到与越秀区有相同数量的境外律师事务所广州代表处。广州市天河区已经成为广州市律师业发展的强区。天河区律师业从无到强的发展,是天河区整体经济发展与城市进步共同作用的结果。

地区良好的法治环境、高度发展的生产力和繁荣发达的市场经济活动,是该地区律师事务所集聚和律师业较快发展必不可少的条件。长期以来,北京和上海的律师人数排名全国前两位,与北京和上海的经济实力和发展速度相匹配。天河区律师

---

① 本数据是根据广东省律师协会提供的"2015年广州市律师事务所名录及执业律师人数"人工统计的结果。

② 本数据来源于广州市天河区司法局。律师事务所和律师名录来自人工整理,参见表"2016年天河区律师事务所名录"和表"2016年天河区律师名单"。

③ 中华人民共和国司法部2016〔166〕号。

业的快速、良性发展得益于天河区的经济发展和城市CBD高端定位。从2007年开始，天河区的全区国民生产总值跃居广州市各区首位，截至2017年，天河区的国民生产总值已连续10年位居广州市各区首位。与此同步，办公地点设在天河区的律师事务所数量快速增长，天河区的律师事务所总数、律师人数均高于全市其他各区，跃居广州市首位。截至2016年年底，天河区已经成为广州市拥有最多律师事务所和律师人数的行政区，律师事务所的数量占广州市律师事务所的1/3以上，律师人数占广州市律师人数的40%以上。

第一节 境内律师事务所在天河区的发展

天河区在新中国成立之前曾属于番禺县、南海县，当时这片地区内并无律师执业机构存在。那时，律师事务所集中在越秀区，尤以法政路周边为多，只有涉及天河区域内的少量不动产买卖、典当、诉讼和分家析产等事务才有律师介入。天河东圃作为当时的经济和文化中心，历史资料也有记载在民间地契的交割中有律师法律代书等活动。

从某种意义上讲，天河是早期培养律师的摇篮之一。新中国成立之前，天河地区虽无律师事务所的开设，但却与律师培养的法科教育结缘——开办有法科教育的中山大学和广东大学在20世纪30年代后集中搬迁到了天河的五山和沙河地区。尤其是当时迁入石牌地区的中山大学法科，培养了一批批优秀律师,后来这些律师分别在广州和全国其他地区发展律师事业,成为早期中国律师界的一股重要力量。

新中国成立初期,天河地区并没有独立的行政建制,在行政上隶属于广州市郊区。由于天河地处郊区且经济发展相对落后,其律师业的发展水平也落后于广州市律师业整体的发展水平。

1980 年 8 月 26 日,《中华人民共和国律师暂行条例》获得通过,该条例为律师业务的发展和法律顾问处的设立提供了法律基础,各地纷纷设立法律顾问处。1981 年,广州市郊区法律顾问处成立,编制属于事业单位,这是天河最早的律师工作机构。1985 年,天河区法律顾问处(后改名为律师事务所)成立,地址位于广州市天河区石牌岗顶省武警综合大楼五楼。成立之初,该法律顾问处只有 3 名专职律师;1990 年,专职律师人数增至 5 名。法律顾问处(律师事务所)的主要业务范围是:刑事辩护、民事经济案件代理、解答各种法律咨询、代写法律文书和担任常年法律顾问。根据广州市律师协会提供的资料显示,1985—1990 年,天河区律师事务所(法律顾问处)共收结刑事案件 139 件,民事代理案件 277 件,代理非诉讼案件 93 件,解答法律咨询 4788 人次,代写法律文书 166 件,担任法律顾问 74 家(次)。①

虽然在 1990 年以前天河区只有一个律师事务所,但在天河区委、区政府的领导下,区内各项法律服务工作有条不紊地开展。1985 年 9 月 24 日,天河区司法局成立,内设公证律师

① 本数据根据广州市律师协会提供的“1985—1990 年统计数据”人工统计。

科。天河区辖下经济相对发达的街道纷纷成立法律服务中心，为居民提供各种法律服务，协调纠纷。1985 年，五山街道成立街道司法办公室，在各居委会先后成立调解委员会 9 个，负责法制宣传教育和民事调解工作；1985—1990 年，五山街道司法办公室共调解各类纠纷 97 件。1989 年，沙河街道成立法律服务所，开展法律咨询服务。同年，员村街道成立法律服务所，为群众提供法律咨询服务。资料显示，1989—1990 年员村街道法律服务所共解答法律咨询 540 人次，为企业挽回经济损失 86 万元。石牌街道在 1989 年成立法律服务所，并成立 8 个基层人民调解委员会，共有调解员 46 人；在 1989—1990 年，石牌街道法律服务所共办理各类国内公证 567 件，民事诉讼案 4 件，担任 11 家企业常年法律顾问，解答法律咨询 132 人次；1990 年，石牌街道法律服务所被省司法厅授予“一级法律服务所”称号。

天河区只有一家律师事务所的历史一直维持到 1993 年年底。随着律师制度的改革，全国律师行业开始改制，国家鼓励律师脱离原有的“大锅饭”体制，设立自负盈亏的律师事务所。继 1985 年天河区内开设了第一家律师事务所后，1994 年，律师事务所开始陆续在天河区内新设成立。1994 年 1 月，广东经纶律师事务所在天河区体育西路 109 号设立办公场所。同年 4 月，广东方圆至成律师事务所在体育西路 189 号设立办公场所。1994 年 6 月，广东天杰律师事务所在天河区天寿路 2 号设立办公场所。1995 年 1 月，广东穗东律师事务所在林和东路设立办公场所。但是，与同时期的越秀区和荔湾区相比，天河区律师业的发展并不突出，例如 1991—1995 年，广州市内新增律师事务所 22 家,除了在天河区内设立的 4 家律师事务所外,其余 18 家律师事务所均设立在越秀区和荔湾区。

1996—2000 年,在天河区新增的律师事务所共有 6 家;截至 2000 年年底,办公地点位于天河区的律师事务所共有 11 家。除了广东羊城律师事务所是于 2000 年 11 月与原来的天河区律师事务所合并成立外,其他的律师事务所均为新设立的。需要提出的是,这些律师事务所除因合并而导致名称发生变化外,一直都在天河区范围内。在 2000 年之前办公场所在天河区的律师事务所,至今没有一家迁出天河区。

律师管理体制改革完成后,律师可以自由地选择执业机构和执业地点。律师事务所也根据律师业务发展的需要,陆续进行合并和分立,在此过程中越来越多的律师事务所搬迁到天河区。根据资料显示,共有 31 家在 2000 年以前成立的律师事务所将其办公场地搬迁到天河区范围内。[①] 2001—2008 年,共有 77 家律师事务所通过新设或者搬迁的方式在天河区设立办公场地。

天河区律师业的发展也体现出地域集中化的特点。2000 年前,在天河区设立的律师事务所多数选择将其办公场地设立在天河北路和龙口西路一带(如表 1.1 所示)。2005 年之后,珠江新城逐步建成为包含国际金融、贸易、外事、行政和文化交流的多功能核心商务区,与此相应的是 2005 年后越来越多的

① 本数据根据《广州市司法行政志》中"2000 年的律师事务所汇总表"人工检索广州市律师协会网站在线资料所得。具体名单见附表"2000 年成立的目前办公地点在天河区的律师事务所名单"。

律师事务所办公地点选定在珠江新城。2008 年,共有 25 家律师事务所的办公地点在天河区珠江新城,即约 29% 的天河区律师事务所选择珠江新城作为其办公地点。2014 年,天河区共有律师事务所 172 家,其中有 75 家律师事务所(44%)办公地点在珠江新城及周边,同比增长 57%;[①]2016 年,超过 50% 的天河区律师事务所设立在珠江新城及周边区域,在珠江新城和黄埔大道周边的律师事务所超过 100 家,位于珠江新城的广州市最高的办公楼"东塔"集中了全市单栋建筑内最多的律师事务所。

表 1.1　2000 年天河区律师事务所一览表

成立时间	名　　称	地　　址
1994 年 1 月	广东经纶律师事务所	体育西路 109 号
1994 年 4 月	广东方圆至成律师事务所	体育西路 189 号
1994 年 6 月	广东天杰律师事务所	天寿路 2 号
1995 年 1 月	广东穗东律师事务所	林和东路沾益直街 83 号
1996 年 7 月	广东鸿腾律师事务所	体育东路羊城国际商贸中心
1996 年 12 月	信利律师事务所广州分所	林和西路 1 号
1998 年 10 月	广东华美律师事务所	天河北路 233 号
1998 年 12 月	广东百越律师事务所	天河路 351 号
1999 年 1 月	广东天诺律师事务所	体育西路 189 号
2000 年 11 月	广东金海圣律师事务所	龙口西路 46 号
2000 年 11 月	广东羊城律师事务所	龙口东路 210 号

① 本数据根据广州市天河区司法局提供的 2014 年律师年检报表统计。

2014 年,天河区的律师事务所总数和执业律师总数首次超过越秀区,成为拥有最多律师事务所和最多执业律师的行政区。[①] 这标志着天河区从 1985 年的 1 家律师事务所和 3 名律师事务所工作人员,经过 30 年的发展,在律师事务所总数和执业律师总数上超过老牌法政强区——越秀区。在 2014 年后,天河区的律师事务所和律师总数持续增长。截至 2016 年 4 月,天河区的律师事务所接近 200 家,占全市律师事务所总数的33.67%;律师 4275 人,占全市律师总数的 41.94%。北京大成(广州)律师事务所、广信君达律师事务所、南国德赛律师事务所、国信信扬律师事务所、法制盛邦律师事务所、北京盈科(广州)律师事务所、北京市中伦(广州)律师事务所、北京市金杜(广州)律师事务所、金桥百信律师事务所和格林律师事务所等律师事务所均在天河区辖内。

天河区律师事业 30 年的发展历程,可分为两个阶段。前 15 年的发展相对缓慢,从 2000 年开始,天河区的律师业快速发展。截至 2008 年,天河区律师事务所共有 88 家,相较于 2000 年年底的 11 家律师事务所,共增长 700%;截至 2000 年年底,广州市全市律师事务所共有 88 家,2008 年广州市律师事务所则增长至 314 家,增长 256%。天河区律师事务所的增长速度是广州市律师事务所增长速度的两倍多。2008—2013 年的 5 年间,天河区律师事务所增长速度也快于同期广州市律师事务所的增长速度:2008—2014 年,天河区律师事务所从 88 家增长至 172 家,增长 96%;而同时期广州市律师事务所总数从 314

① 根据“2014 年广东省注册律师名单”统计。

家增长至483家，增长则为65%。2000年，天河区共有11家律师事务所，到2016年总数已经接近200家，年均增长约为12家。2013—2015年，天河区律师业发展数据如下：2013年，天河区共有律师事务所163家，执业律师3380名；2014年，天河区共有律师事务所172家，执业律师3800名，律师数量比上年增长12.5%；2015年天河区的执业律师共有4275名，增长率亦为12.5%。2015年，天河区律师业在律师事务所规模、律师数量、业务收入和纳税总额持续居广州市之首。

第二节　境外律师事务所在天河区的发展

境外律师事务所在区域内的设立和分布既是体现该地区法律服务业发展程度的重要指标，也是体现该地区法律事务国际化程度的重要指标。从1993年开始，外国律师事务所经司法部核准后可在中国内地设立代表机构从事非涉中国法律的执业活动。1993年9月，英国梅森律师事务所在广州设立代表处，成为首个在广州设立代表处的外国律师事务所，办公地点在广州市越秀区。

整体而言，外国律师事务所多数选择在北京和上海设立代表处，上海是拥有最多外国律师事务所中国代表处的城市，其次为北京。从数量上看，在广州市设立代表处的外国律师事务所较少，如2006年司法部核准的149家允许在中国境内设立代表处的外国律师事务所（司法部2006〔57〕号文），只有3家外国律师事务所在广州市设立代表机构。早期在广州的外国律师事务所,多选择环市路的国际大厦和花园酒店作为办公地点。直到2004年,德国罗德律师事务所成为第一家在天河区设立代表处的外国律师事务所。由于天河区律师业的聚集效应,选择将其广州代表机构设在天河区的外国律师事务所逐渐增多。根据司法部公布的资料显示,截至2009年,有2家外国律师事务所在天河区设立代表处,占代表处设立在广州市的外国律师事务所总数的50%;2015年,在天河区设立代表处的外国律师事务所增加至4家,同年广州全市仅有7家外国律师事务所设立代表处。从数量和在广州市的占比看,代表处设在天河区的外国律师事务所有所增长。

表1.2　广州市外国律师事务所分布情况(2009)

项目 / 行政区域	律师事务所名称	地　址
天河区	德国罗德律师事务所驻广州代表处	广东省广州市天河北路183号大都会广场45楼
	英国睿阁律师事务所驻广州代表处	广东省广州市天河路208号粤海天河城大厦3405B室
越秀区	美国康永华律师事务所驻广州代表处	广东省广州市环市东路371－375号广州世界贸易中心大厦北塔1503室
	法国德尚律师事务所驻广州代表处	广东省广州市环市东路403号广州国际电子大厦2407室
共计	4家	

表 1.3 广州市外国律师事务所分布情况(2015)

项目 行政区域	律师事务所名称	地　　址
天河区	澳大利亚郑玉桂律师事务所驻广州代表处	广东省广州市天河北路 233 号中信广场 1405 室
	德国罗德律师事务所驻广州代表处	广东省广州市天河北路 183 号大都会广场 45 楼
	英国李贞驹律师事务所驻广州代表处	广东省广州市天河区林和西路 9 号耀中广场 A1721 室
	英国睿阁律师事务所驻广州代表处	广东省广州市天河路 208 号粤海天河城大厦 3405B 室
越秀区	法国德尚律师事务所驻广州代表处	广东省广州市环市东路 403 号广州国际电子大厦 2407 室
	美国康永华律师事务所驻广州代表处	广东省广州市环市东路 371 - 375 号广州世界贸易中心大厦北塔 1503 室
荔湾区	西班牙纳嘉文律师事务所驻广州代表处	广东省广州市荔湾区人民中路 555 号美国银行中心 1519 室
共计	7 家	

由于地理位置和改革开放的原因，广州与香港在贸易和投资中有更多的交往，两地居民的联系更为紧密。由于香港居民对内地的法律服务需求日益增长，香港律师事务所也开始在广州设立代表处。1992 年 10 月，香港的近律师事务所成为第一批获准在内地设立代表处的香港律师事务所。与外国律师事务所的选址相同的是，早期的香港律师事务所首选在越秀区的东风东路和环市路设立办公场地，1992—2001 年，没有香港律师事务所的代表处设立在天河区内。根据 2002 年司法部“37 家香港律师事务所驻内地代表处获准执业”(司法部公告

2002 年第 10 号)的公告显示,2002 年核准在中国内地设立代表处的香港律师事务所共有 37 家,其中有 9 家在广州,其中只有 1 家香港律师事务所在天河区设立代表处,即香港史蒂文生黄律师事务所。2004 年共有 43 家香港律师事务所获准在内地设立代表处,只有 2 家香港律师事务所在天河区设立代表处:分别为香港史蒂文生黄律师事务所和香港罗伯臣律师事务所。2005 年后,选择在天河区设立代表处的香港律师事务所逐渐增加。根据 2015 年司法部第 157 号公告,香港律师事务所在广州设立代表处的共有 14 家,其中代表处的办公地点设立在天河区的共有 7 家。

表 1.4 香港律师事务所驻广州代表处名单(2015 年)

天 河 区	越 秀 区
香港黄淑芸律师事务所驻广州代表处	香港的近律师事务所驻广州代表处
香港简松年律师事务所驻广州代表处	香港冯元钺律师事务所驻广州代表处
香港林健雄律师事务所驻广州代表处	香港何耀棣律师事务所驻广州代表处
香港罗伯臣律师事务所驻广州代表处	香港吴少鹏律师事务所驻广州代表处
香港马世钦、邓文政、黄和峥、吴慈飞律师事务所驻广州代表处	香港许林律师事务所驻广州代表处
香港史蒂文生黄律师事务所驻广州代表处	香港周卓立、陈启球、陈一理律师事务所驻广州代表处
香港唐楚彦律师事务所驻广州代表处	香港何君柱律师事务所驻广州代表处
共 7 家	共 7 家
注:在天河区的香港律师事务所内地代表处占广州市香港律师事务所内地代表处的比重为 50%	

简言之,在吸引境外律师事务所方面,越秀区是老牌的“法政重地”,境外律师事务所在 2005 年之前更青睐越秀区;但 2005 年后,获准执业的境外律师事务所广州代表处更倾向于设立在天河区,尤其是在珠江新城地区设立办公场所,这与天河区的金融贸易核心、技术创新企业总部及外事中心等特征有密切的联系,亦与境内律师事务所在珠江新城的设立基本同步。

第二章　天河区律师业发展的特征及现状分析

随着社会和经济的发展，全国律师业从20世纪90年代中期开始快速壮大，广州市的律师业发展速度又快于全国平均水平，仅次于北京和上海，排名全国第三；而天河区律师业的发展速度则超越了广州市律师业的发展速度，且远远高于全国。以数据为例：1985年广州天河区刚刚建区时，区内只有1家律师事务所，共有3名执业律师；到2016年4月（以2015年律师事务所和执业律师年检为准），天河区内的律师事务所共有197家，律师4275名，律师人数增长了1425倍，而同时段内广州市全市律师人数只增长41倍。根据广州市律师协会网站的数据显示，截至2016年11月20日，广州市共有执业律师10800名，相比于1985年全市的执业律师239名，天河区律师总数在同时段内增长的速度是广州市律师总数增长速度的30倍。2008年7月广州市律师协会公布的“广州市律师事务所名录”的数据显示[①],办公地点在天河区的有 88 家;截至 2016 年 4 月,办公地点在天河区的律师事务所总数为 197 家,增长 124%。而 2008 年广州市共有律师事务所 314 家,2016 年广州市有律师事务所 599 家,同比增长 89.5%。

与城市居民对应的律师人数也是一个地区法治建设和社会文明程度的体现。根据数据统计,我国每 1 万人平均拥有 1.6名律师,北京市每 1 万人拥有 11.7 名律师,而天河区每 1 万居民拥有的律师人数是广州市各区中最多的,且呈现逐年增长的趋势。2013 年天河区每 1 万户籍人口拥有 41.76 名执业律师,每 1 万常住人口拥有 22.7 名执业律师(以 2013 年天河区户籍人口和常住人口为准)。2015 年,天河区每 1 万户籍人口拥有 50.61 名执业律师,每 1 万常住人口拥有 27.65 名律师。[②]

纵观天河区律师业的发展,从没有律师开展业务和没有律师事务所设立办公室,经过 30 年的磨砺,天河区已经发展成为广州市拥有最多律师的强区。天河区律师业的发展,精英荟萃,焕发出勃勃生机,相比于广州市其他各区,天河区的律师业发展具有自身的特点。

---

① 见《1988—2008 年广州律师业发展报告》附录部分“广州市律师事务所名录”,广东省人民出版社 2008 年版,第 346 ~ 359 页。本数据为根据该表格进行的人工统计。

② 天河区各年户籍人口和常住人口的数据来源于“天河区国民经济和社会发展统计公告”。

第一节 天河区律师业发展的特点

一、天河区律师业发展迅速,后来居上

天河区作为广州新区,最初以农业为主,经济不发达,律师服务业亦不发达。即使到20世纪90年代,广州天河区已经成为广州市重点规划发展的新区,越秀区仍是大部分律师事务所办公地点的首选行政区。根据1988年广州市司法局统计数据显示,全市共有19家律师事务所,在律师事务所工作的人员有520人,其中取得律师资格的律师和实习律师共399人;而当时,天河区内的律师事务所只有1家,占全市律师事务所总数的5%,律师从业人员只有9人,占全市律师从业人员的1.7%。1990年,全市律师人数增长到639人,其他区律师事务所的律师人数均有增长,但是天河区的律师人数保持不变,仍是9人。2000年广州市共有88家律师事务所,只有11家位于天河区内,有58家律师事务所的办公地点设在越秀区和荔湾区内。

截至2010年律师年检时,天河区内共有律师事务所122家,执业律师约2400人;2015年律师年检时天河区执业律师总数已达3800人,律师事务所总数为176家。数据显示,在2010—2015年天河区律师业发展迅速,执业律师人数和律师事务所数量均增长近50%。办公地点在天河区的律师事务所从2000年的11家,经过16年的发展,在2016年天河区律师年检时达到了197家,增长了17倍。

2008年以后,越来越多的律师事务所将其办公地点选择在

珠江新城和天河北,这与天河区是现代化大都市中心区和珠江新城已成为高端服务商圈的核心区域有着密切的联系。

如表 2.1 所示,从 2009 年以后,天河区律师事务所数量和律师人数的发展速度保持在年均增长 10% 以上,相比全市律师事务所数量和律师人数的增长速度具有明显优势。以 2014—2016 年为例,2016 年天河区共有执业律师 4275 人,相比 2015 年的 3800 人,增长 12.5%,而 2015 年天河区执业律师的总数相比 2014 年也增长了 12.4%,分别高于广州市 7.6% 和 8.5% 的同比增长速度。另外,天河区的执业律师总数在全市执业律师总数的占比持续增长。2010 年,天河区执业律师为 2206 人,占全市执业律师总数的 35.7%;2014 年,天河区执业律师人数为 3380 人,而全市执业律师人数为 8816 人,天河区执业律师人数占全市执业律师总数的 38.33%;截至 2016 年 4 月底,全市执业律师共有 9817 人,天河区执业律师人数占全市执业律师总数的 43.55%。以上数据显示出天河区执业律师人数的增长明显高于广州全市执业律师的增长速度。

表 2.1 2009—2015 年天河区律师事务所数量及人数汇总①

年 份	2010	2011	2012	2013	2014	2015	2016
律师事务所数量(家)	122	134	146	172	163	176	197
执业律师人数(人)	2206	2459	2653	3254	3380	3800	4275

2014 年,天河区首次在执业律师的人数上超过了传统的广

① 本处显示的数据均为律师年检时的数据。2013 年及以后的年份数据来源于该年度 4 月份天河区司法局的律师年检资料统计。本数据未能反映律师流动的动态数据。

州政治经济中心越秀区，根据广东省律师协会 2014 年 10 月注册登记律师和律师事务所名单显示，该年度办公地点在天河区的执业律师共有 3334 人[①]，而越秀区的执业律师则为 3132 人。2015 年 4 月律师年检时，天河区执业律师人数以 3800 人继续保持优势地位，同时期越秀区执业律师人数为 3730 人。

广州市天河区司法局的资料显示，2015 年天河区律师事务所业务收入总计 15.89 亿元，上缴营业税 1.589 亿元、综合纳税 1.748 亿元（含营业税、附加税、合伙人个人所得税、聘用人员个人所得税及其他税收）。2016 年广州市律师事务所业务收入排名第一的北京大成（广州）律师事务所和排名第二的国信信扬律师事务所均在天河区内，其中北京大成（广州）律师事务所业务收入首次超过 2 亿元人民币，成为广州市业务收入最多的律师事务所。2016 年广州市律师事务所总营业收入进入 1 亿元的 8 家律师事务所中，除了北京市盈科（广州）律师事务所外，其他 7 家律师事务所均在天河区范围内。[②] 2017 年 5 月，北京盈科（广州）律师事务所也搬迁到天河区。因此，广州市内业务收入超过 1 亿元的律师事务所均在天河区辖区内。

多种数据表明，历经 30 年的发展，天河区已经发展成为广州市律师业最强的行政区。天河区是拥有最多律师事务所和执业律师的行政区，律师事务所的业务收入和律师行业的上缴

---

① 为方便比较，本数据没有采用天河区司法局的数据，而是采用广东省律师协会注册律师事务所和律师的数据，两者统计时间不同，涉及天河区的数据略有差别。

② 《广州八家律所进入"亿元俱乐部"，大成事务所吸金 2 亿拔得头筹有何诀窍？》，载《南方都市报》2017 年 5 月 19 日。

纳税额也跃居全市之首。

二、广州市内大部分的大型律师事务所集中于天河区

2014年广东省注册律师事务所和律师名录的数据显示:广州市拥有50名以上执业律师的律师事务所有一半位于天河区范围内,如北京大成(广州)律师事务所、广东格林律师事务所、国信信扬律师事务所、广州金鹏律师事务所、广东海际明律师事务所、广东经纶律师事务所、广东君厚律师事务所、广东南国德赛律师事务所、广东天穗律师事务所、北京中伦(广州)律师事务所和广东一粤律师事务所等。而在2007年,只有6家执业律师人数超过50人的律师事务所位于天河区范围内;截至2015年律师年检时,天河区内拥有律师人数超过100人的律师事务所有7家,同比增加1家;51人至100人的律师事务所有10家(3家为区管所,7家为市管所);31人至50人的律师事务所有17家(2家为区管所,15家为市管所),同比增长7家;30人以下的律师事务所有132家(59家为区管所,73家为市管所),同比增加2家。

表2.2 2013—2015年执业律师人数在200人以上的律师事务所①

年　份	行政区划	律师事务所名称
2013	天河区	广东法制盛邦律师事务所
	越秀区	北京市盈科(广州)律师事务所

① 本表统计的律师事务所律师人数均来源于广东省律师协会和司法局律师年检时年检资料的手工统计。

续表

年　份	行政区划	律师事务所名称
2014	天河区	广东法制盛邦律师事务所
	天河区	广东广信君达律师事务所
	越秀区	北京市盈科(广州)律师事务所
2015	天河区	广东法制盛邦律师事务所
	天河区	广东广信君达律师事务所
	越秀区	北京市盈科(广州)律师事务所

2016 年,全市共有 3 家律师事务所的执业律师人数超过 200 人,其中 2 家位于天河区内,分别是广东法制盛邦律师事务所和广东广信君达律师事务所。在天河区内,执业律师 50 人以上的律师事务所有 17 家,其中超过 100 名执业律师的律师事务所有 6 家。根据 2016 年的天河区律师年检资料显示,3—10 人的律师事务所共有 96 家,占总数的 46%。执业律师 20—50 人的律师事务所则有 31 家,执业律师 11—19 人的律师事务所则为 43 家。虽说 50 人以下的律师事务所所占比重最大,但从具体的数据比较可知,天河区律师事务所的发展逐年呈现大所、强所集聚本区的特点,并有继续做大做强的趋势。

律师事务所拥有执业律师的人均数也是反映该区域律师业发展规模化程度的重要指标。2010 年以来,广州市平均每家律师事务所拥有的执业律师人数在 17.5—18 人之间,天河区平均每家律师事务所拥有的执业律师人数则维持在 21—23 人之间。2013 年,广州市平均每家律师事务所拥有执业律师18.2 人,同年天河区平均每家律师事务所拥有执业律师 20.7 人。

2014年,天河区平均每家律师事务所拥有的执业律师人数为21.6人;2015年,天河区平均每家律师事务所拥有的执业律师人数为22.3人。天河区律师事务所的律师密度高于广州市律师行业的整体水平,天河区律师业的整体规模化程度较高,天河区每家律师事务所平均拥有的执业律师人数逐年增加,也说明了天河区律师事务所的规模化程度持续增加。

天河区律师事务所分布集中,分布区域密度大,这些特点与越秀区律师事务所均匀分布的特点不同,天河区的律师业发展呈现聚集化的特点。截至2000年12月,在天河区设立的11家律师事务所的办公地点均集中在体育西(东)路和天河北一带。[①] 而2008年,则有25家律师事务所在珠江新城设立办公地点,2014年共有75家律师事务所的办公地点设在珠江新城。显而易见,天河区律师事务所主要集中在两个区域:一是珠江新城及周边,二是天河北、体育东路、体育西路与林和路周边区域。2016年则有近50%的天河区律师事务所的办公地点在珠江新城及周边地区,近30%的律师事务所的办公地点在天河路和天河北路周边区域。其分布的区域密集程度之高,是在广州市其他各区见不到的,例如办公地址登记为天河区金穗路的律师事务所就有30多家。

天河区的律师业发展呈现明显的"聚集化"发展态势,这表明天河区的律师业发展已经较为成熟。珠江新城和天河北地区对法律服务业已经形成核心的吸引力。法律服务产业的区域化,一方面有利于天河区律师形成品牌效应;另一方面天河

① 见表1.1。

区律师业的高度聚集化有利于彼此间的高度分工协作，增强贸易服务能力，从而使法律服务业获得外部规模经济效应。

三、天河区律师事务所的律师素质较高、学渊较好

天河区执业律师整体素质高，学渊结构好，不少律师同时熟悉中国法律和境外法律，具有国际视野。天河区司法局 2015 年 11 月的统计数据显示，天河区的 3955 名律师，大多数毕业于国内著名高等学府，具有博士学位的共 67 人，占律师总数的 1.60%；具有硕士学位的共 906 人，占律师总数的 23%；具有本科学历的有 2766 人，占律师总数的 70%；专科及专科以下学历的 216 人，占律师总数的 5.40%。相较于 2014 年，获得博士学位的律师占比例持平，获得硕士学位的律师占比例上升 2 个百分点，本科学历的律师占比例上升 1 个百分点，专科及专科以下学历占比例下降 3 个百分点。数据显示，天河区律师的学历水平略有提高。

表 2.3　天河区律师学历情况表

年　份	博士(人)	硕士(人)	本科(人)	专科及其他(人)
2014	57	767	2528	307
2015	67	906	2766	216

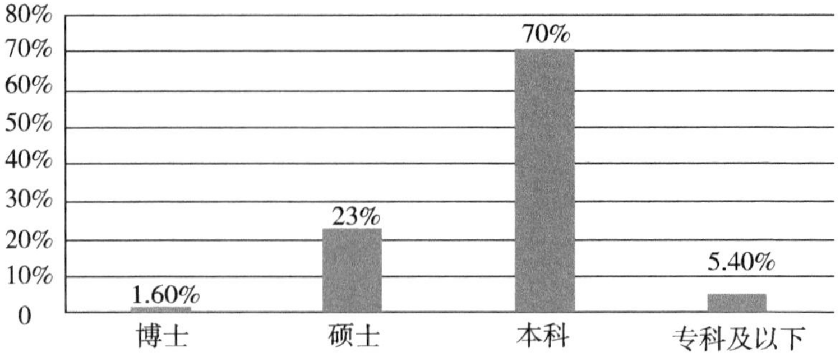

图 2.1 天河区律师学历数量占比图

以 2015 年的数据统计,天河区执业律师中,执业年限 0—5 年的共 1862 人,占总人数的 47%;执业年限 6—10 年的共 864 人,占总人数的 22%;执业年限 11—20 年的共 960 人,占总人数的 24%;执业年限 21—30 年的共 262 人,占总人数的 6.60%;执业年限 30 年以上的共 7 人,占总人数的 0.40%。这说明天河区的执业律师中,接近一半是近 5 年进入律师行业的,可见近 10 年中天河区律师业的发展迅猛,这也与天河区律师业“老而强”的特点有关。天河区最早的律师事务所成立于 1985 年,截至 1993 年,律师的人数最多时仅为 9 人,彼时绝大多数的律师集中在越秀区,因此天河区律师中具有 30 年以上执业年限的相对较少。但是,律师业作为强势发展的行业,天河区的律师事务所又吸引了大批的本科和硕士毕业生加入其中,因此执业年限为 5 年以下的律师人数约占律师总人数的 50%。

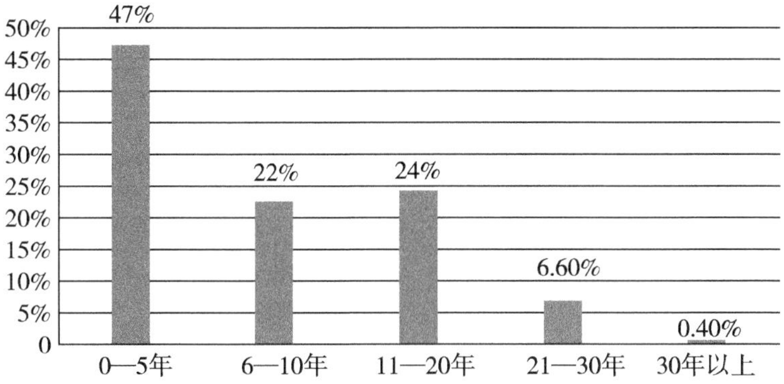

图 2.2 天河区不同执业年限律师数量占比图

另外,天河区律师的国际化程度相对较高,根据 2016 年天河区司法局律师年检资料统计,共有 91 名律师获得境外的学位或有境外留学的经历,其中多名律师曾在美国、英国、加拿大、瑞士、法国和日本等国以及香港地区的法学院、研究机构或律师事务所研修、访问。这些从境外留学回来的律师,除了具备流利的外语听、说、读、写等交流能力,部分还拥有境外的律师资格,在开展涉外法律业务方面具有优势。尤其是在国家推动"一带一路"国际合作的背景下,具备流利的外语交流能力和境外律师资格证书的律师,能够同时处理两个以上法域的法律业务,具有较为广阔的发展空间。

根据 2016 年天河区司法局律师年检资料显示,毕业于国内高校的天河区律师普遍来自层次较高的综合性大学和政法院校,其中有超过 50% 的律师来自"985""211"大学和传统的四大专业政法院校,拥有法学教授职称,博士、硕士学位及博士研究生在读的律师人数占全区律师总数的 1/5。天河区的律师每年都有丰硕的学术成果，体现了律师勤于思考的精神、攻克疑难案件的能力和深厚的法学理论功底。近 30% 的律师每年都公开发表文章或者参与法律实务研究文章的撰写，近 25% 的律师事务所每年主办不同形式的专业研讨会。律师按业务专长和学术专长分布在诉讼仲裁、公司法务、金融证券、房地产、建筑事务、知识产权、高新技术、国际业务、执行业务等领域。有 40% 的律师事务所不再满足于“全功能”型的法律服务，而是专注于某些法律专业领域，例如有的律师事务所将其业务细分为“公司法务”“银行业务”“知识产权”“农业法律”“跨境投资”“公司并购”“劳动与人事”“证券与资本市场”“婚姻与家庭”和“PPP 法律事务”等不同的类别，每个团队的律师都只做同类的案件。这种专业化的划分有利于精、尖、专法律人才的培养。律师执业领域的专业化是与天河区律师业发展的集聚化相互匹配的。律师执业领域的专业化程度较高，能够形成律师专业化的品牌效应。相应地，律师的品牌效应也有利于吸引越来越多的律师事务所在天河区集聚。

四、天河区律师事务所的律师形成梯队，女律师比例高

以 2015 年天河区司法局律师年检统计资料为例，31—50 岁的律师共有 2693 人，占天河区律师总量的 70% 以上；其中 41—50 岁的律师共有 1090 人，占天河区律师总数的 28%；31—40 岁的律师共有 1603 人，占天河区律师总数的 42%；30 岁以下（包括 30 岁）的律师共有 790 人，占律师总数的 21%；而 51—60 岁的律师只有 252 人，占天河区律师总数的 6%。以上资料表明，天河区的律师中富有经验的、年富力强的律师是天

河区律师的主体力量。天河区律师中31—40岁的律师占比最高,41—50岁的律师占比次之,整体律师年龄占比呈现“梨型”特点,与律师执业以专业知识和实务经验为主的职业特点相匹配。30岁以下律师在整体律师中占比为21%,相比31—40岁和41—50岁的律师占比小,说明年轻的毕业生首选进入律师行业的人数较少,亦说明律师业是复合知识型的行业,从事律师行业的人士可以从事一定时期的其他职业后,转行从事律师业。

2015年,天河区的律师中以男律师居多,共2448人;女律师为1352人,分别占天河区律师总人数的64.4%和35.6%。虽然女律师的人数少于男律师人数,但天河区女律师的占比,高于广东省女律师在全体律师中的占比(26.4%),与上海市女律师在上海市律师总数的占比基本持平。与2014年的统计数据相比,男、女律师的数量分别增加了184人和107人,增长率分别为7.8%和8.2%。这说明2015年女律师的增长率高于男律师的增长率,相较于2014年男、女律师之间的人数差距有所减少。

五、天河区律师事务所实现多元化的跨区域合作

律师事务所于外地开办分所是律师业跨区域发展的主要方式。近年来,北京、上海和浙江等地的律师事务所在广州设立分所明显增多,这些分所的律师素质高,办公自动化实现程度高,他们带来了原有成熟的管理经验,为广州律师业增添了新的活力。来自北京、上海和浙江的律师事务所,在律师事务所的管理模式和业务发展方面具有丰富的经验,值得广州市的律师事务所学习和借鉴。根据广东省2014年注册律师事务所

和律师名单,该年度共有29家外地律师事务所在广州设立分所,其中有24家位于天河区内。截至2016年4月,共有27家来自北京或上海的律师事务所在天河区设立分所,有1家来自浙江的律师事务所在天河区设立分所。由此可见,天河区律师服务业对外地律师事务所的合作发展具有较强的吸引力。

天河区律师事务所从20世纪90年代中期也开始在外地开立分所。例如,广州金鹏律师事务所在1997年经司法部批准成为最早在美国洛杉矶设立办事处的广东律师事务所,国信信扬的前身广东信扬律师事务所于2006年9月在香港特区设立的分所也正式开业,是泛珠三角地区首家在香港特区设立分所的律师事务所。另外,广州金鹏律师事务所、广东经纶律师事务所和广东南国德赛律师事务所等多家律师事务所在广州以外地区也分别设立了分所。

除了设立外地分所,天河区律师事务所也积极开拓国际业务,多家律师事务所与美国、英国等国家的律师事务所建立合作关系。同时,天河区律师也积极开展与香港特区的律师事务所的联营合作,如国信信扬律师事务所与香港特区的麦家荣律师行联营合作,分别在前海和南沙设立粤港联营合作律师事务所,成为全国首批两地联营的律师事务所之一。

第二节　天河区律师现状调查和数据分析

一、天河区律师行业薪资状况抽样分析

律师分为执业律师和实习律师两种。执业律师是法律服

务行业的主要从业人员，又分为专职律师和兼职律师。在律师事务所的工作人员还包括不具有律师执业资格的辅助人员。一般而言，律师对内计薪的方式各有不同，包括固定工资、工资加提成、纯提成、计时工资等；而各个律师事务所之间因为规模、传统和收益，律师的薪酬水平也存在着一定的差异。总体而言，采用计时工资方式的律师数量较少，在我们抽样调查的数据中只有不到1%的律师采取计时工资的方式，而且主要是在某些领域中很有影响力的律师，例如在上市公司的股权纠纷中享誉盛名的律师，这部分律师在律师行业中不具有普遍性，只属个别的情况。在天河区律师中，有接近20%的律师采取固定工资的计薪方式，这主要是工作不满3年的新进入律师行业的实习律师和应届毕业生；其他大部分的律师则是采用工资加提成或纯粹根据提成来作为主要的薪资收入模式。在我们的抽样调查、问卷和个人访谈中，天河区律师的收入呈现以下几种特点：

首先，律师行业薪资水平差距较大。从律师事务所实习生到律师助理，再成为办案律师，继而晋升为合伙人，这个过程起点低，投入的时间成本大。根据2015年的问卷调查可知，年薪在7万元以内的律师占35.62%；年薪介于7万元至20万元的三组人数比例相近，分别占17.53%、21.64%和20.82%；超过50万元高薪收入的律师人数比例甚少，占比低于5%，而且主要是合伙人。

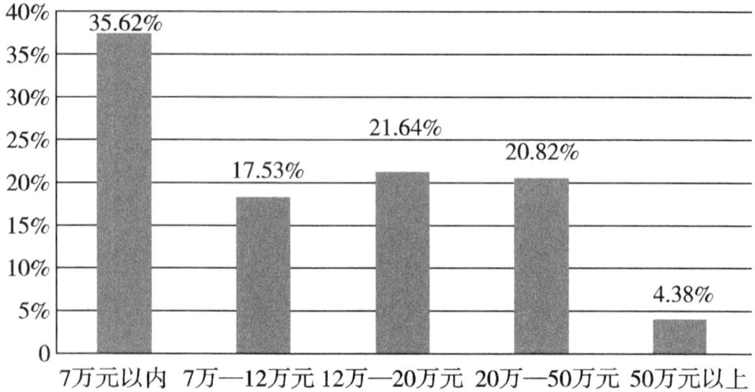

图 2.3 律师行业各薪资范围人数比例图

其次,律师可预期的职业薪资能在较短时间内快速增长,律师的收入与工作年资成正比。在从业 4 年以下的律师中,有 63.7% 的年收入为 7 万元以下;从业 6—10 年的律师年薪已升至每年 20 万元至 50 万元;而从业时间为 15 年以上的律师,则有高达 75% 的人年收入达到 50 万元以上。上述数据表明,律师行业的收入对于应届毕业生而言,短期内没有很大的吸引力。比较同为毕业后第一年新入行律师业的应届毕业生和毕业后第一年进入公务员序列的应届毕业生,由于公务员的收入相对稳定,而律师行业的收入则有差异,在排除其他因素的情况下,应届毕业生会更倾向于选择进入公务员系统而不是成为律师。

另外,律师事务所合伙人的薪资与其他层级的律师相比具有明显优势,合伙人律师的薪资高出其他非合伙人律师的幅度较为明显。接近 78% 的合伙人律师年收入基本稳定在 20 万元以上,年收入低于 12 万元的合伙人律师不超过 8%,其余约 15% 的合伙人律师年薪介于 12 万—20 万元。

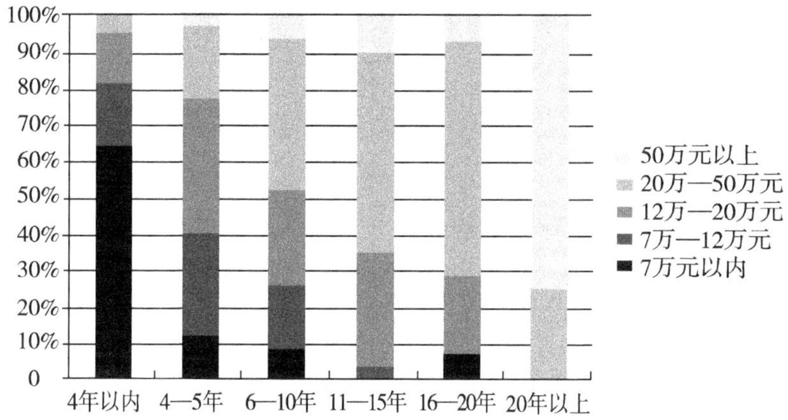

图 2.4　律师从业时间与年收入之间的关系图

天河区新入行律师的收入并不高，甚至低于社会大众的平均收入水平。例如，2014 年天河区有约 30% 的律师收入低于 7 万元，而 2014 年广州市城镇职工年平均收入是 7.6 万元，即天河区工作年限在 4 年以内的大部分律师达不到广州市城镇职工的平均收入水平。而在如此收入不高的条件下，天河区这些年资浅的新入行律师若想工作在天河区又住在天河区的话，就会遇到尴尬的局面，因为在同时期，天河区内的住宅租金为 60 元/平方米，其全年收入只能用来每月支付 100 平方米的房租，事实上，如果考虑到生活成本，他们只能支付得起面积不到 20 平方米的住宅或者是只能在城中村租房。

二、天河区律师执业选择原因分析

律师是一个具备专业技能和专业素养，并且能够给人带来职业成就感的职业。因此有人将其作为一生的职业。即使新晋律师的收入较低，律师行业的竞争也日益激烈，但是仍有较大比例的律师选择长远从事律师工作。根据调查显示，律师职业的选择具有如下特点：

1. 多数律师将律师职业作为第一职业的选择。根据本课题组的问卷调查，天河区正在执业的律师中近95%以律师为第一职业选择，他们不打算从法律行业转到其他行业，只有5%的执业律师暂时选择律师职业，并表示在适当的时候将会转行，这部分表示转行的律师绝大部分是应届毕业生或者是新入行的律师，转行的意向是考公务员。在接受问卷调查的律师中，有超过70%的律师选择律师职业是因为律师工作相比其他法律共同体的工作有很多的自由。在接受调查问卷的律师中，同时认为在律师行业能够获得较好发展前途的律师有近45%，还有近40%的律师认为法律职业能促进社会正义，可以帮助弱势群体维权。

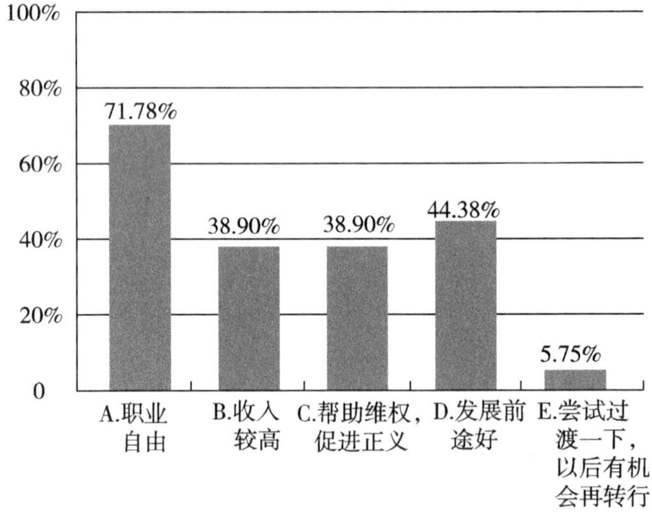

图 2.5　受访律师选择从事律师执业的原因

2. 律师的职业归属感强烈。在本课题组的调查中，天河区的律师中有 20.27% 认为律师业发展前景很好，有 54.25% 认为发展前景较好，可见绝大部分的律师都对自身从事行业的发展前景抱有积极乐观的心态。仅有 3.56% 的律师认为律师业的发展前景并不理想，其中认为前景很不好的只有 1.37%。

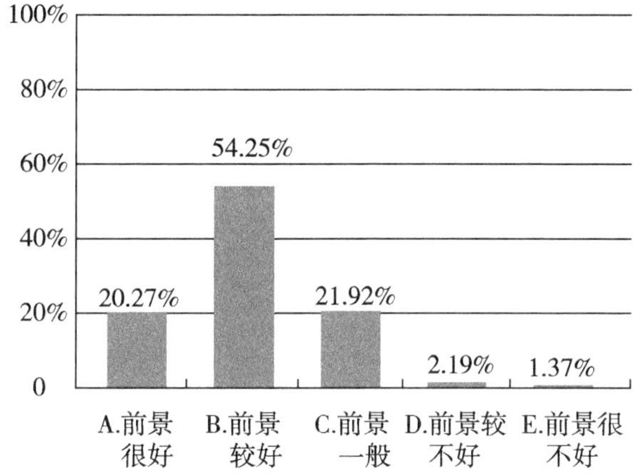

图 2.6　受访律师对律师业发展前景所持的态度

一方面，律师对律师业的发展前景持乐观态度；另一方面，律师业的发展展望将越来越好。随着中国法治社会的不断健全，法律体系的不断完善，律师业也在不断地蓬勃发展，呈现出良好的发展优势。

首先，律师职业的薪资能在较短时间内成倍增长。在本课题组的调查中，律师们选择从事律师行业的原因，除了职业自由、发展前景好这两个因素外，收入较高也是另一个重要的考量因素，持这方面选择的占 38.90%。一般而言，律师的收入高低与入行时间联系密切，且其收入增长速度快，幅度也较大。

从数据分析可知，大部分从业 6—10 年的律师年薪已达每年 20 万—50 万元，而从业 20 年以上的律师中则有 75% 的律师年收入超过 50 万元。

其次，从事律师职业能收获较高的社会满足感，且律师活动具有社会意义。有数据显示，超过一半的律师认为律师行业是一个能够给社会提供帮助的行业。作为一名专业律师，一方面，通过专业的服务维护和保障了当事人的合法权益；另一方面，律师的执业活动，也为加快我国的民主和法治事业的进程贡献力量。因此，律师行业的利他性和社会性更加明显，这就是律师行业不同于会计、建筑、通信、金融等其他行业的地方。律师执业，一方面是收取报酬，获得应有的收益，但更在争取和维护合法权益方面，为实现社会正义和社会和谐，发挥了自己的力量。

第三章　天河区律师履行的社会责任

律师作为法治建设的直接参与者，在直接服务个案的同时，还将司法实践中发现的问题和分析得出的可行性建议，通过议案、建议、提案等形式转化为党和政府的决策参考，或直接参与立法和政策制定的过程。律师参与立法工作是律师参政议政的重要内容，同时也是发挥律师专业优势，提高立法质量的重要途径。天河区律师积极利用参政议政平台，通过议案、提案等方式推动国家立法及政策的完善。通过参与立法起草、参与立法论证或承接立法性研究课题等方式，天河区律师深度参与到法律、法规、行政规章、地方性法规的立法及修改工作以及政策制定的过程中，发挥了律师独特的作用，得到了立法机关和相关部门的高度肯定。天河区的律师还参与各种形式的公益事业，通过法律援助、法律进社区和公益帮扶，发挥法律人的专业技能和社会担当，推动国家和社会的发展。

第一节　天河区律师的参政议政活动

律师参政议政的途径主要通过担任人大代表，以人大代表身份或者担任人大常委会立法顾问的形式参加立法听证会，推动立法发展等；也通过担任各级政协委员或者特邀委员的方式，提出各种议案和建议。天河区的律师通过参与人大立法活动、人大咨询活动和提交政协各种议案的方式，扩大律师在社会治理层面的参与度。

第十二届全国人大共有15名律师担任全国人大代表，来自广东的律师有3名，其中2名律师是来自天河区，她们分别是广州金鹏律师事务所的陈舒律师和金杜（广州）律师事务所的吴青律师。陈舒律师担任全国人大代表时，在出席第十届全国人大会议期间，提出了工会应当吸收农民工的建议，推动了全国总工会章程的修改。陈舒律师还多次参与《中华人民共和国物权法》修改的讨论，提交的关于《中华人民共和国物权法》的修改意见得到了有关部门的重视。此外，陈舒律师在担任两任人大代表期间，还对《中华人民共和国国家赔偿法》《中华人民共和国刑事诉讼法》《中华人民共和国出境入境管理法》等提出了多项修改和完善的建议，其建议均为全国人大常委会所重视。同时陈舒律师关注社会公共事务，以全国人大代表的身份推动社会文明的发展。例如，陈舒律师针对垄断大超市收“入店费”的问题发表的意见，其意见很快就收到国家工商总局的回复。针对2008年的金融危机和2009年的雪灾引发的社会问题，陈舒律师提出了“从完善政府管理和服务的角度出发，尽快建立经济和社会危机预警机制”的议案，得到了国家四部委的重视和答复。另一名来自天河区的全国人大代表金杜（广州）律师事务所的吴青律师参与了全国人大《中华人民共和国环境保护法》和《中华人民共和国大气污染防治法》的立法工作。吴青律师根据执业中发现的问题提出了“关于制定土壤污染防治法”的议案、“关于修改环境影响评价法”的议案和“关于重启民法典修改”的议案等。2013—2014年,吴青律师多次提出关于《中华人民共和国环境保护法》的立法修改议案,列席全国第十二届全国人大第五次常委会,参加《中华人民共和国环境保护法》的专家评估会。吴青律师关于《中华人民共和国环境保护法》应如何修改的观点还被全国人大审议通过的《中华人民共和国环境保护法》所吸收。

天河区的东方昆仑律师事务所主任朱征夫是全国政协委员,他曾多次在“两会”上提出建议,2003年他作为广东省政协委员提出废除劳动教养制度;2008年作为全国政协委员提议建立统一的社保制度并建议有关税收的立法授权应由人大收回;2009年提议调整国家审计制度,将审计署设置到全国人大,以防止审计署与财政部之间的利益冲突。朱征夫律师还针对金融危机后珠三角律师欠薪,打工者生活无着落等问题提出应该修改《中华人民共和国刑法》,在《中华人民共和国刑法》中增设“欠薪逃匿罪”,这一议案为全国人大常委会所接纳,体现为《中华人民共和国刑法修正案(八)》的“拒不支付劳动报酬罪”。

除了国家层面的参政议政,天河区的律师还参与广东省和广州市的人大和政协的活动。广东南国德赛律师事务所的颜湘蓉律师、广信君达律师事务所的王晓华律师、广东君厚律师所的刘涛律师和广信君达律师事务所的徐嵩律师等都曾担任广东省人大代表和广东省政协委员。颜湘蓉律师是广州市律师协会推荐的第一位律师行业代表,其在担任广州市人大代表和广东省人大代表期间，提出了多项议案。她的提案“关于改善广州市公交车辆线网配置及站场建设、管理的议案”在“广州不会忘记——广州市人民最满意的人大代表议案、建议评选活动（1981—2001）”中获优秀提案奖。王晓华律师在担任政协委员期间代表省民盟提出的议案“关于依法治省几个问题的建议”，该议案获省政协优秀提案奖；他还应邀参与省人大常委会《广东省出租屋治安管理条例》的起草工作。刘涛律师提出的《广东省政府法律顾问条例》议案内容为《广东省政府法律顾问工作规定》部分条款所采用。除担任人大代表和政协委员，天河区的律师还通过担任广东省人大立法顾问的形式参与立法活动。广东环宇京茂律师事务所的何培华律师和广东广信君达律师事务所的庄伟燕律师被聘为广东省第十一届人大常委会立法顾问。

截至 2017 年 5 月，在广州市各区中，天河区的律师担任人大代表和政协委员的人数最多。统计资料显示，2016 年，广州市共有 77 名律师担任各级人大代表和政协委员，其中共有 39 名律师来自天河区的律师事务所，占比超过 50%。广州市的律师中共有 3 名律师担任第十二届全国人大代表，其中 2 名来自广州市天河区，唯一的一名担任全国政协委员的广州律师也来自天河区。担任广东省第十二届人大代表的共有 4 名律师，其中 2 名律师来自广州市天河区。另外，王晓华律师担任广东省第十一届政协常委和李治国律师担任广东省第十一届政协特邀委员。2016 年，共有 16 名律师担任广州市第十五届人大代表，其中有 6 名律师来自广州市天河区的律师事务所。

以上数据表明：天河区律师热心社会公共事务，具有较强的参政议政能力。来自广州市天河区的律师担任人大代表和政协委员的比例较高,其占比高于天河区律师数量在广州市律师数量的占比。担任全国和广东省的人大代表和政协委员的广州律师共有10名,其中有6名律师来自广州市天河区,占比为60%。除陈舒律师和吴青律师担任全国人大代表,朱征夫律师担任全国政协委员外,广东君厚律师事务所刘涛律师、广东广信君达律师事务所的徐嵩律师和广东南国德赛律师事务所的颜湘蓉律师均担任过广东省人大代表,刘涛律师还当选为广东省第十三届人民代表大会常务委员会组成人员,这是广东律师首次当选省人大常委会委员。

天河区律师事务所的律师中还有国信信扬律师事务所的林泰松律师、广东金领律师事务所的郭学进律师、广东南国德赛律师事务所的闵卫国律师、广东广信君达律师事务所的庄伟燕律师和刘善巧律师,以及广东百越律师事务所的黄键容律师担任广州市人大代表等。北京大成(广州)律师事务所的陈作科律师和曾绍金律师等多名律师担任区人大代表和政协委员等。

第二节　天河区律师的公益服务活动

天河区律师投身于公益法律服务,致力于扩大法律服务覆盖面,并参与逐步建立全面覆盖的法律援助网络,以此推动法律公共服务均等化,树立了天河区律师良好的公众形象。

从2008年起,天河区司法局就致力于打造天河区律师的

“公益”品牌。天河区各律师事务所充分发挥其专业优势，积极响应天河区党政部门的号召，坚持以法律服务为基础，以社会服务为切入点，在努力做好业务工作的同时，致力于参加各种形式的公益法律服务，在劳资纠纷、工伤事故、交通事故、医疗损害、人身伤害、妇女与青少年保护和农民工合法权益保护等方面，保障了弱势群体的合法权益。天河区的律师通过“所所结对”的方式参与人民调解，提供法律意见，参与社区治理，为构建法治天河、平安天河作出了法律人应有的担当。天河区“一村（社区）一法律顾问”工作获得天河区大部分律师的支持，全区 206 个社区均配备了法律顾问。2015 年 1—5 月，全区法律顾问累计服务 5769 余次，提供法律咨询 1995 人次，调解纠纷 406 次。天河区的律师通过社会公共法律咨询、免费授课、解答公益热线、媒体互动等方式参与法律普法工作，并与工会、共青团、妇联和高校等合作，普及法律常识，宣传法律法规。另外，天河区在广州市率先构建起“区—街—社区”三级法律服务网络，建立并不断完善以法制宣传、纠纷调解、法律服务为一体的公益性法律服务体系。截至 2016 年年底，天河区公益法律服务网络已基本实现全区覆盖。

一、法律援助

在广州市天河区司法局的统一部署下，天河区的律师以多种方式参与各种法律援助案件，为弱势群体提供法律援助服务。

天河区法律援助处是由广州市天河区人民政府于 1998 年 10 月设立的法律援助机构，其主要职责是负责本辖区内法律援助案件的审查、受理，负责组织法律援助人员和志愿者为无力负担法律服务费用的公民提供法律援助。天河区法律援助处自成立以来，坚持以服务为民的理念，以“服务发展、关注民生、优质高效、争先创优”为目标，为构建社会和谐、维护地区稳定发挥了积极作用。天河区法律援助处积极引进优质社会律师资源，建立法律援助律师资源库，共招募95名志愿律师及4家志愿办理节假日法律援助案件的律师事务所。在法律援助服务大厅，设有柜台式面对面的服务窗口，实行律师值班制，负责为来访群众提供法律咨询，受理、审查法律援助申请。

在天河区委和区政府的领导下，天河区法律援助处建立并完善法律援助工作网络，共建立21个街道法律援助工作站和211个社区法律援助联络点，并在团区委、区残联、区总工会、区老龄办、区妇联设立法律援助工作部，开展宣传及调查取证工作，为社区群众寻求法律援助提供宣传和指引服务。天河区律师积极参与法律援助工作，共有285名天河区律师登记为法律援助律师，天河区法律援助处注册在案的提供法律援助的律师也有94名。

2012年，天河区法律援助处共接受来访来电法律咨询4817人次，受理法律援助案件518件。其中刑事援助案件175件，民事法律援助案件343件。2013年（统计数据截至2013年11月15日），天河区法律援助处受理刑事法律援助案件477件，比2012年增长220%；民事法律援助案件328件，比2012年增长12%；提供法律咨询5293人次。2014年，天河区法律援助处共提供法律咨询4476人次，受理法律援助案件637件，其中民事法律援助案件231件，刑事法律援助案件406件。

2015 年,天河区法律援助处共受理法律援助案件 593 件,其中民事案件 172 件,刑事案件 421 件,行政案件 1 件,咨询人数为 4187 人次。2016 年,天河区法律援助处共受理法律援助案件 614 件,提供咨询 3580 人次。天河区法律援助处承办的法律援助案件多,办案质量高,这都与天河区律师们的积极参与、高度负责和娴熟的法律专业技能密不可分。律师们在认真分析案情、充分掌握证据的基础上,尽最大的努力维护受援人的合法权益,保证办案质量,为受援人争取公正的裁决。

在执业过程中,天河区律师参与法律援助,认真配合各级人民法院的工作,通过公平公正的法律程序,积极有效地维护了弱势群体的合法权益。天河区律师中出现了品牌公益律师如广东南国德赛律师事务所的王维琼律师。同时,天河区的多家律师事务所也因热心参与公益法律服务而获得社会的赞许和嘉奖。广东同益律师事务所、广东南国德赛律师事务所、广东天诺律师事务所、广州金鹏律师事务所、广东经纶律师事务所、国信信扬律师事务所和广东海际明律师事务所等均因其参与的社会公益法律活动获得省、市、区司法部门和律师协会的嘉奖。

二、法律服务进社区

除了提供专门的法律援助,律师也将法律服务深入社区,为社区居民提供法律咨询和服务,并参与社区矛盾的调节和法律诉讼,为街道各个部门担任法律顾问,开展社区的法律服务。天河区律师们响应习近平主席关于“司法工作者要深入群众”的号召,通过律师下街道和社区,甚至到居民家中的模式,发挥律师服务基层社会、维持社会和谐稳定的功能。这样既树立了律师行业良好的社会形象,又为建设“平安天河、和谐天河、法治天河”贡献了力量。目前,天河区的所有街道和社区均聘请了社区律师,天河区的公益法律服务站、流动站已遍及辖区内的各个社区及中、小学校。

天河区是全省范围内最早把法律服务单位下放到社区司法所的区级单位,特别是2007年天河区司法局在实施广州市“所所结对”活动中,广东南国德赛律师事务所与天河区林和街司法所在天河区司法局的指导下结对,开展公益法律服务。“所所结对”活动有利于律师事务所和司法所在实践中优势互补,是落实党的十八大精神,把依法治国方略落实到基层的重要举措;是在基层开展普法教育,提供公民法律意识的重要方法;也是维护社会稳定,促进社会和谐的有效途径。事实证明,通过“所所结对”的方式,使律师事务所的专业技能与基层司法所接近基层群众的方式二者有机地结合起来,从而实现资源整合、优势互补,基层司法、律师事务所和社区居民都受益的共赢局面。

从2008年开始,天河区启动律师法律服务到基层、进社区的活动,推动天河区律师事务所和律师走进街道和社区,针对各种矛盾纠纷,免费开展法律咨询、普法讲座、纠纷调解、出具意见书等形式多样的法律服务活动。2013年2月25日,广东增法律师事务所在辖区内的华润万家超市门口开展了宣传咨询活动,重点宣传与异地务工人员工作和生活相关的法律法规;2013年12月4日,广州金鹏律师事务所指派律师参加了由人民街司法所组织的“人人学法用法,共建法治社会”的法律进社区活动，为社区居民在日常生活中遇到的法律难题解惑；2014年5月23日，广东济方律师事务所参与了在石牌东路社区服务中心门前举办的“人民调解排查调处法律咨询”暨“关爱孩子”宣传咨询活动；2015年3月27日，广东天诺律师事务所的律师参加了天园街道办事处举办的“平安天园”主题实践活动，重点宣传了包括交通安全、食品安全卫生、治安管理、计划生育等在内的与居民群众生活息息相关的法律法规；2015年12月4日，冼村街举办了“弘扬宪法精神 · 共建法治天河”的宪法宣传日法律咨询活动，国信信扬律师事务所选派了4名律师到场解答居民关心的法律问题。

天河区委和区政府贯彻广东省委办公厅、省政府办公厅《关于开展一村（社区）一法律顾问工作的意见》和广州市司法局发布《开展一村（社区）一法律顾问工作的实施方案》文件的精神，为提高基层群众的法律意识和加强基层社会法治化管理水平，在全区范围内全面铺开“一村（社区）一法律顾问工作”，并根据广东省司法厅的工作方案，明确了参与该工作的法律顾问的工作职责及各部门的职能分工，精准实现“一村（社区）一法律顾问工作”的制度化开展。截至2015年10月，天河区已经实现政府部门、街道和一村（社区）一法律顾问100%的覆盖率，天河区内的21个街道、208个社区均与律师事务所建立了“一村（社区）一法律顾问”服务协议关系。天河区有很多实力雄厚的律师事务所，如广东南国德赛律师事务所、广东经纶律师事务所、国信信扬律师事务所、广东法制盛邦律师事务所、广东君厚律师事务所、广东广信君达律师事务所和广东君泽君律师事务所等，参与“一村（社区）法律顾问”项目，与街道、社区签订了法律顾问合同，选派优秀的执业律师，为社区居民提供公益法律服务。

三、其他社会帮扶活动

天河区的律师除了参与法律援助和法律服务活动外，还发扬职业精神和道德风尚，参与扶贫献爱心活动。

广东源通律师事务所胡燕律师、广东经纶律师事务所苏祖耀律师情系山区教育，多次向山区孩子捐资助学；2007 年 8 月 30 日，国信信扬律师事务所正式设立“爱心基金会”，并分别与广东省阳春市妇联、广东公益恤孤助学促进会签订长期捐资助学合作协议，捐出 4.3 万元扶助阳春市 31 名孤儿及失学儿童继续读书；2008 年 4 月 26 日，广东天伦律师事务所在成立十周年庆典大会上举行“推动中国律师参与知识产权保护活动启动仪式”，宣布将在未来五年内捐赠 1000 万元，专项用于开展知识产权保护及相关法律研究活动；2010 年 3 月 6 日，北京市君泽君（广州）律师事务所参与设立的中国首家乡村妇女发展民间公益基金会在广州正式成立；广东华瑞兴律师事务所在召开 2013 年年会之际，积极响应“常青藤服务计划”开展的“空巢老人圆梦公益活动”，为推进社会公益活动再次出力；2014 年 3 月，大成（广州）律师事务所黄秋练律师向其母校西南政法大学捐资 30 万元，用于西南政法大学校园的完善。

随着参加公益法律服务工作志愿者的律师队伍的壮大，天河区已发展到所有的大型律师事务所均有律师参加公益法律服务，甚至有部分律师事务所成立了专门的公益法律中心，承担公益律师业务；还有部分律师事务所成立了公益活动部，专门组织各种社会帮扶、弱势群体保护和捐赠活动。来自广州市天河区的律师还自发的参加广州市公益律师团,通过各种途径为社会公众提供法律咨询。

天河区的律师事务所和律师对社会所做的贡献,受到了各方的好评和嘉奖:2004年2月,广东羊城律师事务所被广州市律师协会授予2003年度“法律援助奖”;2005年5月26日,广东法制盛邦律师事务所获中共广州市天河区委员会、广州市天河区人民政府授予的“2004年度天河区经济贡献优秀奖”;2006年4月,广东胜伦律师事务所被广州市律师协会授予“2005年度维护社会稳定奖”;2015年7月,广东广信君达律师事务所被天河区司法局评为“2012—2014年度天河区公益法律服务先进单位”;2015年9月,广东君厚律师事务所获“天河区2014年度法律援助工作先进集体”称号等。

第四章　天河区律师事务所的改革和建设

第一节　天河区律师事务所的改革

天河区的律师敢为人先,不断探索建立律师事务所管理的新机制。从发展初期的国有制管理,到首批合伙制律师事务所的建立;从第一家个人律师事务所的建立,再到第一家特殊普通合作制律师事务所的成立;从2000年以来,律师事务所管理模式的积极探索与国际合作的进一步深化,都能看到天河区律师事务所和律师改革创新的身影。

一、律师事务所管理体制的改革

从1981年恢复律师制度到20世纪90年代早期,律师事务所属于事业编制单位。1993年后全国律师体制改革,国家鼓励律师"下海"成立自负盈亏的律师事务所。1992年,广州市市属律师事务所响应司法部关于进一步改革律师工作的精神,根据广州市司法局制定的《关于进一步改革广州市律师工作的实施方案》及《广州市合伙律师事务所审批管理试行规定》等5个配套的具体规定,开展律师事务所的转制工作。当时律师事务所改革的主要方向是:允许专职、兼职律师辞去公职,自愿组合申办不占国家编制与经费的合作、合伙及股份制的律师事务所。1993年1月,广州金鹏律师事务所成立,这是广州市第一家合伙制律师事务所。1994年7月1日,广州第一家以个人姓名命名的律师事务所"胡永森律师事务所"成立,2001年6月,该所更名为"广东海际明律师事务所",地址位于天河区珠江新城。

2006年《中华人民共和国律师法》修订,对我国合伙律师事务所的组织形式进行了调整和扩充,在普通合伙制(即传统合伙制)的基础上,新设了特殊的普通合伙制,其核心是厘清了合伙人的法律责任,在一定程度上免除合伙人无限责任的后顾之忧。2012年11月28日,广东广信君达律师事务所被核准为广东省第一家特殊的普通合伙制律师事务所。广州金鹏律师事务所是广东省第二家特殊的普通合伙制律师事务所。2016年11月,国信信扬律师事务所也成功转制成为特殊的普通合伙制律师事务所。

当今,做大或者做强律师事务所,以满足法律服务市场的要求,是律师事务所共同的追求。各个律师事务所需要在打造具有专业化特点的法律服务团队,提升自身竞争大型项目资格的能力,并能够为客户提供高质量的国际化服务上下功夫。天河区各律师事务所在广州市律师协会的管理下,根据自身的特点,不断地调整律师事务所的业务领域;与此同时出现了一系列更加专业区分化、业务精专化的律师事务所。随着律师素质的不断提高,律师专业化程度越来越高,律师事务所呈专业化、规模化发展，天河区律师已初步形成了一支业务能力强、专业化程度高的律师队伍，并形成了以专业化推动规模化发展，以规模化促进专业细分化的良好发展态势。

二、天河区的律师事务所内部体制的改革

律师行业是高度竞争的服务业，社会经济的发展和国家改革的导向，对律师行业提出更高的要求。天河区律师事务所要在激烈的竞争环境中生存，就必须创新内部管理机制，在组织形态、组织架构和发展方向上发挥优势，以应对社会的发展。

天河区的律师事务所多数为合伙制律师事务所，合伙制律师事务所的管理弊端在于其松散型的内部组织模式。原来大部分的律师事务所不给律师发工资，也不给律师分配案源，律师只能对外独立寻找案源。部分律师只能什么类型的案件都承办，律师事务所内部也未能形成合作机制，大家各干各的。这种机制，在律师事务所只有三五人的时候，问题并不明显，但是随着律师事务所逐步规模化，律师事务所的人数发展至数十人乃至上百人时，松散型的模式就无法适应新的发展。如何组织和管理律师，以实现资源重组和做大做强的目标 ，天河区的律师事务所在公司化组织结构、设立专业管理部门、聘请专业管理人员、完善内部管理流程等方面进行了创新。

天河区的律师事务所在内部管理体制上进行创新，转变了原有的松散型、不服管的内部机制，将决策权和执行权分开，建立了合伙人大会制度和管委会制度。律师事务所的合伙人均为资深律师，其业务繁多，没有时间和精力事必躬亲律师事务所的所有事情。为解决这一问题，部分律师事务所设立常规的

合伙人大会,合伙人大会在合伙人中选举产生,对律师事务所的事项作出决策。管理委员会则是由全体律师在合伙人中选出的专职人员负责律师事务所日常管理的部门。通过设立决议和执行机构,明确相互之间的权责。一方面,有利于合伙人对律师事务所核心事项的监管;另一方面,专职化的管理委员会的设立,也使得律师事务所具备了全日制的管理机构,同时管理委员会人数少,分工明确,责任到人,也可以解决合伙人对案件的管理不连续而导致的问题。

天河区的律师事务所,如广州金鹏律师事务所、广东法制盛邦律师事务所、广东广信君达律师事务所、广东金桥百信律师事务所、国信信扬律师事务所等,均对律师事务所的内部管理体制作出创新和改革。实行"内部三层制"的结构对于律师事务所内部事务的管理是有效的:最高层是合伙人会议,其次是管理委员会成员,基础是全部律师。这种民主、平权和自律的模式深受广大律师欢迎,律师的团队化和阶段化分工并不受影响。而律师事务所管理委员会则为律师事务所在规模化发展过程中的有效管理提供了新的范式。广东法制盛邦律师事务所在"规模化发展、规范化管理、专业化服务"的经营理念下进行整合,从原来的几十人快速增长到两百多人,并通过建立三层制的管理模式,保证了律师事务所的稳定和发展。天河区律师事务所在探索和建立有效管理模式的同时,还通过内部管理机制逐步建立、健全规章管理制度。作为广州律师业改革试点的广州金鹏律师事务所,虽然律师人数不及法制盛邦律师事务所,但也是百人大所,同样面临着如何将具有独立思想、专业技能、没有人身依赖关系的自由职业者组织起来的问题。广州金鹏律师事务所根据自身的实际情况,建立了参议、决策和执行三权相对分立的结构。由全体合伙人组成的合伙人会议是最高权力机构,决定律师事务所的重大问题,管理委员会负责执行合伙人会议的决定,由3名高级合伙人组成,其中2名管委会成员分管律师事务所的业务和行政,主要是负责整合律师事务所的内部资源,负责律师事务所日常经营管理活动的组织、指挥和协调。另外,广东广信君达律师事务所、广东南国德赛律师事务所等大所均采用了三层式的内部管理结构。律师事务所创新地将参议、决策和执行三权相分离,全员参议的机制保证了全体律师都可以对律师事务所的事务有发言权,保证重大事项的透明化、民主化和科学化。

天河区律师为广州律师行业的发展添上浓厚的色彩。这些律师们争当律师行业改革、发展和创新的排头兵,争做律师行业改革的领头羊,而这些改革排头兵在21世纪的初期纷纷从不同的行政区搬入天河区的珠江新城和天河北商圈,这与天河区的发展规划、市场资讯的聚集和天河区司法主管机关的服务精神都有着重要的联系。天河区的律师事务所从发展初期按照国有制模式经营管理,到率先尝试合伙制,进而积极试验推行特殊的普通合伙制,吸取国际律师事务所先进的管理经验模式,率先在全国实行行业管理专业化,进而实现扁平化组织架构改革,加强自律管理,为其他地区的律师事务所内部管理创新提供了宝贵的经验。

第二节 天河区律师事务所的党建工作

如何创新律师党建机制，全面发掘律师的业务能力，发挥律师党员的先锋模范作用，提高律师党员的服务水平，一直是天河区委、区政府和天河区律师们共同考虑的问题。为“做优”律师事务所，强化律师事务所的党团文化建设，以正确的价值观凝聚律师、引导律师业的发展方向，天河区司法局和广州市律师协会党委一起探索了适应天河区核心功能区特征的律师培养及管理新路向，在不断的实践中，发展出一批无论是律师党员人数、律师业务量、社会影响力还是组织管理能力均呈现良好态势的律师事务所，同时培养出一批思想素质高，业务能力强的律师党员。

2016 年 6 月，办公地点位于天河区的广东广信君达律师事务所，经中共广州市委组织部及广州市司法局、广州市律师协会党委的批准，成为广东省首家、全国第八家成立党委的律师事务所。该律师事务所党委的成立，对天河区其他律师事务所党建工作的开展发挥了先锋模范作用。在天河区区委和区政府的帮助和引导下，有多家天河区的律师事务所成立党支部或者开展党员专项活动。

天河区的律师事务所积极探索党建新机制，加强律师党员的管理和律师建设，紧紧把握党建促所建、党建促发展的重要任务，围绕天河区经济建设的中心，引导律师党员积极投入到服务政府和企业经济发展中去。与此同时，天河区的律师事务所还采用多种形式，加强律师党员的思想教育活动，强化律师党员承担社会职责的观念，展现天河区律师党员特有的时代风采。2016 年 6 月 30 日，广州金鹏律师事务所党支部书记王波同志，在广州市庆祝中国共产党成立 95 周年大会上，获"优秀党务工作者"的光荣称号。广东广信君达律师事务所的黄永东同志，在 2016 年 7 月 1 日广州市社会组织庆祝中国共产党成立 95 周年暨"两学一做"学习教育专题报告会上，获"广州市社会组织优秀共产党员"光荣称号，为其他律师党员树立了好榜样。

一、"智慧党建"与专题党建活动相结合

"智慧党建"是广州市天河区对创新党建机制的新探索，主要是通过信息技术的利用来进行区内党员党建教育等活动。天河区内党员可以通过网络平台，即时学习党内政策，实时感知基层党建动态，适时参加党组织活动。天河区的律师党员借助"智慧党建"学习平台，关注民生风采，参与政民互动，履行党员谏言献策职责。这一创新性理念贯穿到律师党建活动中，建立了党支部的律师事务所，则通过该学习平台学习党的知识和政策，建立健全学习奖惩机制，激励律师事务所和律师党员加强自身管理。

再者，天河区内的律师党员在学习习近平系列讲话、参与组织专题教育活动中强化党性修养，进一步增强服务人民群众的宗旨意识，树立诚信执业、依法执业的观念。天河区司法行政部门根据"两学一做"专题学习教育活动，认真学习党章党规，学习贯彻习近平系列重要讲话精神，在做合格党员的要求

下，组织各律师事务所党支部开展学习。天河区不仅通过网络平台监督各律师党员完成学习任务情况，还联系天河区内的律师党员积极参与法律援助和民生改善活动，真正发挥律师的专业技能，培养知行合一的合格律师党员。在专题教育过程中，广东君厚律师事务所党支部举行了第三届读书分享会，吸引了律师事务所内外的党员、同事及同行参加，使他们在学习与交流中加强党性修养和作风建设。同时，在协助基层法治建设的过程中，组织党员律师积极参与信访工作，有效地化解基层群众的矛盾纠纷。

二、实现党建工作常态化、制度化

实施党建工作目标管理，要以党内各项规章制度为基本依据，以加强各级党组织的思想建设、组织建设、作风建设、制度建设和反腐倡廉建设为基本内容，通过目标的制订、实施、检查、考核和反馈等过程，把党的建设与经常性工作落到实处，促进党建工作的改革创新，全面提升党建工作的科学化水平。天河区在建立党建责任体系下，通过协调党建有关部门，以律师事务所党支部与街道党工委共驻共建的形式，形成区委区政府统筹协调、街道党工委组织领导、律师事务所密切配合的管理机制。同时以“党建带所建，所建促党建”的模式保障街道党工委、律师事务所党建工作制度化和常态化运行，促进党建工作的有序开展。

根据天河区的律师事务所党员分布的情况，为了保证天河区基层党组织的全面覆盖，天河区司法局在原有党支部的基础上，根据具体情况，要求党员人数在 3 人以下的律师事务所，与就近的律师事务所结合成立联合党支部；针对律师流动性强的特点，完善律师党员组织关系转移流程，督促执业律师党员办理组织关系转移，以壮大天河区律师党员队伍。同时，还通过健全组织形式，使得党建工作的开展覆盖天河区每个律师事务所。

第三节　天河区律师事务所的文化建设

律师文化，是律师在法律实践中形成的关于本行业的价值观念以及一系列行为规范的总和，展现的是律师人员的专业技能和道德规范。律师事务所良好的律师文化对于律师事务所的品牌设立、业务效益的提高至关重要，因此，如何丰富和弘扬律师事务所的文化，树立并提升律师的社会形象，成为天河区委、区政府和各律师事务所共同努力的目标。近年来，天河区律师事务所针对律师行业的特点，在物质层面、制度层面及精神层面进行了一些探索。

一、律师事务所对外形象的统一化

天河区的律师事务所管理者普遍认识到律师外部形象对于律师事务所整体评价的重要性。大部分天河区的律师事务所统一设计了律师事务所的名片格式、律师事务所服务商标的图样、介绍信、信封及文件用纸的格式，对外采用统一的委托代理合同等一系列法律文本，展现了律师业务的严谨性和规范性，增强了律师事务所的信服力和知名度。除此之外，天河区多数律师事务所均要求所内律师在办公期间，统一着正装，佩戴胸卡，文明用语，以展现律师的礼仪和修养。

二、建立提高律师能力的内部培训机制

法律是实践性的行业，律师的经验对于律师专业水平的提高具有重要的意义。为了方便律师之间经验的分享，更为了让新入行的律师可以获得更多的学习机会，大部分律师事务所每月或者定期举办讲座，由经办某些典型案例或者在某个领域中具有丰富经验的律师在律师事务所内分享某种案件类型的办案流程、法律问题、疑点难点和执业中收获的经验。当前，在"一带一路"倡议的政策背景下，就有多家律师事务所，举办关于中国企业海外并购的业务培训班，如广东经纶律师事务所和北京大成（广州）律师事务所等就开办了海外并购法律业务的专题讲座；广东广信君达律师事务所定期举办读书活动，与其他律师事务所的同行交流学术，以提高律师的专业素养。在天河区内，有50人以上执业律师的律师事务所均会定期举办业务培训，培训内容包括新业务的介绍、执业技能的分享，还有对律师个人成长能力的培养，如外语能力、辩论能力等。

三、律师事务所文体活动的常规化

随着律师行业的进一步发展，律师文化已成为衡量律师事务所规模化、专业化、品牌化的重要因素。这就要求各律师事务所在追求经济效益的同时，也要注重律师文化的建设，以谋求长远发展。作为广州市律师发展态势较为良好的区域，天河区司法局和各律师事务所一道将律师队伍的文化建设放在重

要的位置上,持续性地开展律师教育培训,提高律师核心竞争力,探索律师文化发展体制,制定严格的内部管理制度,进行律师的职业道德教育,组织律师总结交流经验,使得天河区的律师整体素质不断提升,从而促进了天河区的律师事务所的文化建设,增强了律师事务所和律师的凝聚力。

大部分律师事务所在年度的管理经费中拨出专项经费丰富律师的文体活动,组建足球队、篮球队、羽毛球队,组织辩论赛、英语角和歌唱比赛等,旨在通过定期的文体活动,增加律师之间的沟通交流和互相理解的机会。大部分律师事务所也举办律师生日会、年底庆祝晚会等,增加律师之间的亲和力的同时,也可以让律师施展自身的艺术专长。

第五章　天河区的律师交流和继续教育

天河区的律师在注重自身专业技能提升的同时，同样注重与社会各界之间、律师事务所之间的交流和联系，通过参与业务培训和参与法律援助项目、举办学术研讨会、交流访问、建立合作机制等形式多样的活动，加强与国内外同行的交流合作，不断提升自身综合素质。

第一节　与国外同行的交流

天河区的律师事务所通过“走出去、请进来”的方式与国外同行交流合作。美国、澳大利亚、英国、新加坡等国家的律师事务所或相关机构多次来访天河区的律师事务所。通过交流，既对外宣传了天河区的律师品牌形象，又为拓展业务、深入合作奠定了基础。

一、与国外律师事务所的交流合作

2009 年，广东凯通律师事务所曾海滨律师、黄民欣律师、欧阳奕律师和张宁律师到澳大利亚、新西兰的律师事务所进行了为期两周的访问。双方对法律服务国际化的问题进行了重点的交流，并探讨进一步合作的方式。

2013 年，新加坡经济发展局广州代表处陈鸾霜主任应邀到广东法制盛邦律师事务所交流访问。双方就新加坡与中国在相关行业的合作与发展现状进行了交流。广东法制盛邦律师事务所吕越瑾主任介绍了该所的基本情况、法律服务特色、发展方向等；陈鸾霜主任介绍了律师行业在新加坡的发展经验和发展趋势，并表达了与广东法制盛邦律师事务所开展多渠道、多方面的业务交流与合作的意愿。

2014 年，代表马来西亚投资发展局（MIDA）驻广州总领事馆的投资领事鲁立山拜访广东同益律师事务所，与律师事务所张善贵、彭宗欣等律师就如何促进两地友好投资合作发展事宜进行讨论。马来西亚投资发展局成立于 1967 年，致力于推动马来西亚当地工业、制造业和服务业发展。在此次交流中，广东同益律师事务所海外投资移民部被确定成为马来西亚投资发展局的战略合作伙伴。

2014 年，新加坡义正律师事务所到访国信信扬律师事务所。国信信扬律师事务所叶伟明律师介绍了该所的基本情况及未来发展目标，就律师事务所规范管理、专业化、公司化发展等方面与新加坡同行进行了交流。

2014 年，法国基德律师事务所（GIDE LOYRETTE NOUEL A. A. R. P. I.）的合伙人 Antoine de la Gatinais 及合伙人范建年，西班牙顾博国际律师事务所（CUATRECASAS，GONALVES PEREIRA）的合伙人 Omar Puertas 到广东君信律师事务所交流访问。

三方就加强相互间业务的交流与合作，为客户提供更高效、优质的法律服务等方面进行了探讨。

2014 年，国际律师联盟（ILF）主席、德国律师 Lutz Kaiser 到广东固法律师事务所交流访问。双方就联盟内部的管理建设和未来发展进行了交流，Kaiser 律师表示 ILF 高度重视在中国乃至亚洲地区的发展，双方还就律师事务所之间的项目合作进行了初步商讨。

2015 年，美国普洛思律师事务所常驻香港办事处的诉讼事务合伙人朱卓伟、美国普洛思律师事务所纽约办事处的资深合伙人 Robert. J. Cleary 到广东法制盛邦律师事务所交流访问。双方介绍了各自的情况，对未来律师事务所的合作表达了强烈的期待。

2015 年，德国 BSK 国际教育机构执行总裁费康安、驻华代表陈钢一行到广东广信君达律师事务所进行交流，双方讨论了拓展中德企业间交流问题。德方希望可以通过实质性的商务考察，围绕德国工业制造、环保、新能源先进理念、法学研究成果等与中国业界进行交流。同时，双方就德国如何加强知识产权保护，如何保护在华德国企业的权益，充分调动律师的专业优势为企业服务等方面进行了探讨。座谈会上，双方就下一步合作形成框架性意向。

二、参与国际法律论坛

天河区的律师事务所除了与国外政府、社会组织和同行进行互访交流外，还通过组织律师参与国外各种类型的法律论坛活动的形式，不断加强多方交流与合作。

2005 年，天河区的律师参加广东省律师协会与英中法律理事会[①]主办的"中英律师业务研讨会暨律师管理与发展交流会"。会议讨论了中国和英国的律师协会对律师行业及律师事务所的内部管理,英国律师就律师事务所业务开拓、公司治理、伦敦二板市场、知识产权、项目融资和非诉讼争议解决机制等方面进行介绍。这次会议,促进了英国和中国律师业的交流和了解,为今后两国律师业的合作奠定了基础。

2009年,北京市中伦(广州)律师事务所姚军律师出席美国律师年会国际并购论坛。美国律师年会于芝加哥举行,来自世界各国的数千名律师和专业人士出席。年会举行了数百场论坛和研讨会,在美国律师行业内影响较大。姚军律师在年会上就中国境内并购的最新法律问题进行了主题演讲。

三、开拓国外业务与合作

天河区的律师涉外法律服务领域涉及合资、合作、独资企业的合同及文件起草、审查;国际投资、贸易争议纠纷的解决、国际招商、展览、融资、租赁、招投标、工程承包和外商投资咨询、外商投资项目的法律论证,并提供相应法律意见等。

(一)竞得海外法律服务项目。2010年12月,为推动中非新型战略伙伴关系的发展,落实援助非洲国家的措施,我国政府决定在中非成立3—5个自由贸易合作区。广东新广国际集团有限公司取得了首个与尼日利亚合作的项目。来自全国各地的多家律师事务所参与该自贸区项目法律业务的竞标。广

① 英中法律理事会是英国事务律师协会和出庭律师公会联合成立的理事会,目的是协调及促进英国和中国的法律工作者之间的合作交流。

东信利盛达律师事务所涉外律师团队,以其对尼日利亚当地政治、经济、法律环境的了解及专业实力竞标成功。此外,天河区的涉外律师服务团队还成为中国对外贸易广州展览公司的常年法律顾问、十六届亚运会组委会专项法律顾问,并承接了美国联邦快递白云机场转运站等涉外业务。

(二)搭建海外律师交流平台。天河区依法规范外国律师事务所驻华代表机构的管理,建立国内外律师之间的学习、交流、合作平台;发挥各地律师协会外事委员会和国际业务专业委员会的业务优势,加强业务交流,协助拓展涉外业务领域,提高律师在中国企业"走出去"过程中的参与度和价值认可度。

四、与国外机构建立合作关系

天河区的律师与国外的商会、公司、同业建立合作关系,为提供法律服务争取更加广阔的市场。

(一)与缅甸华商会达成合作协议。2014 年 6 月,北京大成(广州)律师事务所唐云云律师团队赴缅甸考察投资环境,与缅甸华商总会就合作项目达成协议。北京大成(广州)律师事务所团队与东盟专业委员会合作,为向缅甸投资客户提供投资架构设计、交易结构安排、境外投资、境外融资、缅甸境内外商独资、缅外合资、产业园区特区开发、跨国并购重组、国际货物销售和服务贸易、国际技术转让、商账追收、各类诉讼及仲裁业务等法律服务。

(二)首家英国华人律师事务所在天河区设立。2011 年 3 月,英国李贞驹律师事务所广州代表处开业典礼在广州白云国际会议中心举行。广东省律师协会会长欧永良、秘书长叶港和副秘书长邓捷参加典礼。李贞驹律师事务所是英国最大的华人律师事务所,也是当时唯一一家由司法部批准在我国设立代表处的英国华人律师事务所,同时也是中国驻英国大使馆和国务院侨务办公室首席法律顾问律师事务所。该所在2014年获英国伯明翰律师公会颁发的"2014年最佳事务所大奖"。

(三)与美国公司建立战略合作关系。2011年广州金鹏律师事务所与美国赵联律师事务专业公司建立战略合作关系。广州金鹏律师事务所于1997年经司法部批准,成为中国最早在美国洛杉矶设立办事处的律师事务所,为中国企业到美国进行贸易及投资提供联络及咨询服务。赵联律师事务专业公司源于1999年赵联律师事务所,业务范围涵盖民事诉讼、商业债务纠纷、人体伤害及移民律师事务等。赵联律师是中国司法部选拔的50位涉外经济法律人才交流中心受训律师之一,现任多个知名侨界团体的法律顾问。建立合作后,广州金鹏律师事务所与赵联律师事务专业公司在人员交流及培训、法律服务协作、客户及市场开拓等方面展开合作。

第二节　与国内同行的交流

天河区的律师事务所注重与国内同行的交流,通过专题研讨会、学术论坛、律师服务团等方式开展合作。

一、与港澳台同行的合作交流

(一)成立广州首家粤港联营律师事务所。2015年7月,广州首家粤港联营律师事务所——国信信扬麦家荣(南沙)联营律师事务所设立——由国信信扬律师事务所与香港麦家荣律师事务所联合组成,该律师事务所为两地企业提供更便捷的一站式法律服务。

(二)签订粤港澳合作协议。2015 年 7 月,粤港澳律师合作发展研讨会在广州市南沙区举行。中国法律服务(香港)有限公司总经理杜春、广东省司法厅副厅长梁震、广州市司法局副局长谭祥平、广东省律师协会会长欧永良、香港律师会会长熊运信、澳门律师公会会长华年达、广东省律师协会副会长肖胜方、广州市律师协会秘书长朱宝莲以及三地律师代表等 100 多人出席会议。为加强南沙自贸试验区法律服务合作,服务中国(广东)自贸试验区建设,广东省律师协会、香港律师会、澳门律师公会签订了《推进粤港澳深度融合律师服务业框架协议》,广东省律师协会与中国法律服务(香港)有限公司签订了《合作框架协议》,并对加强合作开展自贸试验区法律服务工作进行交流研讨。

(三)参加"两岸四地青年律师论坛"。2014 年 10 月,国信信扬律师事务所钟瑜律师赴香港参加"两岸四地青年律师论坛"。该论坛由香港律师会主办,主题为"掌握全球化机遇,迈向成功未来"。钟瑜律师在活动中与内地律师及港澳台律师就资产管理全球化下的新机遇、青年律师的国际网络及专业形象以及国际仲裁、争议解决及跨境诉讼的新趋势等青年律师关注的议题进行了探讨。

(四)内地律师事务所与港澳台律师事务所互访。2012 年 9 月,香港黄嘉锡律师事务所首席合伙人黄嘉锡到天河区的广东格林律师事务所参观交流，广东格林律师事务所潘滔主任、冯建成律师等与黄嘉锡律师就香港投资热点以及相关法律业务发展情况，两所的业务合作与交流问题进行了探讨，并初步达成了相关合作意向。

（五）内地律师应邀到香港举办专题讲座。2014年，广东实德律师事务所合伙人廖新志及郭旭辉律师应香港工业总会邀请，到香港就“电子商务相关法律”进行专题讲座。本次讲座专注于内地电子商务相关法律问题，廖新志律师及郭旭辉律师介绍了内地电子商务相关法律，从广告宣传、消费者保护及知识产权保护三个方面对内地电子商务法律问题进行了分析，介绍了外商投资电子商务企业的流程，总结了其中可能出现的问题，并提出了相应的对策。

（六）与香港律师事务所联合举办专题研讨会。2014年6月，广州金鹏律师事务所与香港许林律师行合作举办的“离岸财富管理与家族信托业务”交流会。香港许林律师行合伙人胡洪斌针对“全面保障您的资产——家族信托”这一主题向金鹏律师重点介绍了香港家族信托的概念、特点、发展趋势和离岸信托等问题，香港许林律师行高级合伙人林靖宇以“家族信托在中国的机遇与挑战”为题，结合典型案例，详细地介绍了香港家族信托的操作流程，分析了目前中国内地的信托产品与香港信托业务的区别，并介绍了外汇跨境的处理技巧。

二、与内地的合作交流

（一）密切保持与各地律师及相关机构的联系。天河区的律师事务所注重与国内其他地区律师的交流合作。通过借鉴各地优秀律师事务所的管理经验,天河区的律师事务所加强自身管理,提高律师事务所的综合水平;同时,天河区的律师事务所也为其他地区的律师事务所提供指导经验,帮助对方发展壮大,拓展其在当地的法律服务市场。

2013 年 11 月,由青岛市司法局副局长王镭带队的青岛市律师协会考察团在广东广信君达律师事务所参观交流,受到广东广信君达律师事务所高级合伙人王晓华等接待并举行座谈会。双方围绕特殊普通合伙、律师事务所组织架构和管理体制、公司制和提成制分配模式、分支机构设立等彼此关切的问题进行了交流。

2014 年,湖南省天地人律师事务所派出多名律师到广东广信君达律师事务所考察广东律师同行的专业化发展,双方就湖南、广东两地的法律服务发展情况及律师专业化的发展差异进行交流。双方在交流中达成共识:“规模所的发展更重要的是增强整体的创收能力,要发挥规模所的市场效应,占领法律服务市场的制高点,才能处于领先的位置。”在座谈时,双方交流了律师事务所发展中遇到的困惑,特别就律师事务所开展专业化建设的制度改革、分配等问题进行了探讨,双方都认为只有不断地交流才能提高彼此的专业化建设水平。

2014 年,20 名来自广西、云南参与“百千万工程”计划的律师在广州市 7 所律师事务所进行为期 10 天的业务跟班锻炼学习。跟班锻炼学习是贯彻落实中华全国律师协会、省律师协会组织的支援西部地区律师业发展的“百千万工程”的一项举措,即组织西部地区律师和律师事务所负责人到东中部地区和大城市律师事务所进行交流培养,以提高西部律师的综合素质和执业水平。广东法制盛邦律师事务所、广东君厚律师事务所、广东合盛律师事务所和国信信扬律师事务所参与这项工作。这4家律师事务所对此次跟班学习非常重视，结合律师事务所自身的特色和实际情况，开展以下几种培训活动：一是专题培训。邀请所内在相关领域有一定专长与经验的律师对广西、云南的律师开展多种类的培训专题，包括律师事务所管理、新律师成长及风险控制、房地产、旧城改造、海事海商、婚姻家庭、法律顾问、公司并购等内容；二是办案技巧交流。安排广西、云南的律师随同律师事务所律师办理案件，了解案件如何组织证据材料、运用法理法条、庭上辩护等，如何与当事人进行有效沟通，从而达到当事人利益最大化，在案件实践过程中彼此交流、互相学习；三是团队构建与管理经验介绍。安排律师事务所业务团队讲解如何提升团队办案能力、协调团队冲突、如何分配团队盈利等内容。

2014年，甘肃省律师协会协同10家律师事务所同行与广东广悦鸿鼎律师事务所进行交流。两地律师就融资担保、业务流程化、专业化等专业性问题进行深入讨论，特别对律师事务所的运行模式与管理进行了探讨。

（二）提供社会法律服务。天河区的律师注重社会服务，为企业担任法律顾问，提供法律咨询，为不同行业的健康有序发展提供专业支持。

1.参加广东省四大律师团。天河区的律师参加了由广东省司法厅、省人民政府侨务办公室、省中小企业局主办，省律师协会与相关协会联合协办为广东省台资企业、侨资企业、中小企业和“三农”提供法律帮助的四大律师服务团。四大律师服务团自 2009 年成立后，即开展志愿法律服务工作，通过基层调研、法律宣传、专项咨询、案件跟进、向人大政协提出提案议案、向政府法院提出意见建议等多种形式，为加快广东省经济转型升级，协助企业应对全球金融危机，维护企业与工人合法权益，维护农村稳定等方面做了大量工作。广东四个律师服务团在全省律师行业组织开展了遍布基层、深入扎实的日常志愿法律服务，许多做法在全国范围属于首创。天河区的公职律师事务所曾晓元律师、国浩律师集团（广州）事务所郭飚律师和广东华科律师事务所董润生律师等都是四大律师团的成员。

2. 参加广州国际金融交易博览会。2012 年，首届广州金交会以“转型升级、金融先行——国际金融、科技金融、产业金融、农村金融、民生金融全面发展”为主题，281 家政府机构、证券公司、金融机构、投资机构及企业单位参展，超过 10 万观众进场参观、了解广东金融相关行业如何配合社会经济及各行业的升级转型，以及金融创新、金融服务产品创新等政策及信息。中伦律师事务所广州分所作为唯一参展的律师事务所参加了广州国际金融博览会。并参与广东省政府主办的“金融创新与产业转型升级”论坛，广发证券、中国证券报主办的“广东产业资本融通创新”论坛和中国人民银行广州分行主办的“跨境人民币业务与企业国际化发展机遇”论坛等主题论坛。

3. 参加“暖企行动”。2013 年，广州市司法局启动“暖企行动”，派驻百名专家律师为青年企业家们提供一对一“陪伴式成长”法律服务，助力企业健康成长。近百名专家律师与“领航计划”青年企业家在中山大学管理学院正式结对，律师代表和企业家进行了对接和交流。百名“领航计划”企业家与百名“暖企行动”律师实现对接,更好地发挥法律服务助力企业发展的特殊作用。

律师们针对企业遇到的具体法律问题给予有针对性的服务。在加强个性问题解答的同时,服务团也加强共性问题的指导,根据经济运行的新情况和企业发展的新要求,定期安排律师为企业举办讲座,在对外投资、融资上市、风险防范等方面对青年企业家进行培训。面对广州市优秀的成长型企业,律师服务团成员本着“促进共同成长成才”的理念,按照暖企法律服务团工作规则的要求,免费、优惠提供“陪伴式成长”的法律服务。在帮助企业健康快速发展的同时,让企业切实体验到优质法律服务的价值和作用,最终实现互利互惠、多方共赢的效果。

4. 开办企业法律知识讲座。天河区的律师在执业过程中,特别注意向客户宣传法律,提高客户的法律意识,注重律师执业的社会效益。天河区的律师担任多家国有企业、上市公司和行业商会的法律顾问,在提供法律服务期间,根据客户的需要,结合国家政策的动向,举行专门的法律知识讲座。以此提高企业的风险防范意识,健全企业治理体制,促使企业尽快适应市场经济的发展需要。

2014 年 3 月,君泽君(广州)律师事务所李文敏律师在广发证券作了题为“房地产投资信托基金法律问题”专题知识讲座。李文敏律师从法律的角度出发,在分析了国内房地产融资基本情况的基础上,从中国房地产融资概况、什么是房地产投资信托基金、境外发行中国概念 REITs 的案例、境内发行REITs 的法律环境以及 REITs 基础资产的甄别五个方面对国内REITs 法律问题进行了剖析。

除此之外，天河区的律师事务所还举办过《反商业贿赂——商业贿赂的法律规定和法律后果》《企业经营中应注意的〈合同法〉中的重要内容》《国有企业改制和重组》《公司法与公司治理结构》《劳动合同法的理解和执行》等法律知识讲座，不定期接受中央电视台、广东电视台、《广州日报》、《羊城晚报》和《南方都市报》等新闻媒体的邀请和采访，参加普法节目，发表法律观点，普及法律知识。

（三）参与跨地区学术论坛。

1. 参加多届全国律师论坛。广东南国德赛律师事务所钟国才、闵卫国、彭清正等律师应邀参加了"第三届中国律师论坛暨2003 专业委员会年会"。论坛在广州举行，由中华全国律师协会与南方周末报业集团共同主办，主题为"律师法制与法治中国"。参加论坛的人数逾千人，有中华全国律师协会14 个专业委员会委员及全国各地律师，香港律师会、澳门律师公会专门率律师团参会，美国律师协会亚洲法律项目理事会驻中国代表以及我国台湾地区台北市律师代表首次参加了该论坛。

2. 出席中国国际经济法年会。2009 年，广东环宇京茂律师事务所主任何培华出席在杭州举办的中国国际经济法学会年会暨学术研讨会并作了发言。该研讨会由中国国际经济法学会主办、浙江工商大学法学院承办。研讨会的主题是"国际金融危机与国际经济法的变革"，具体议题包括中国国际经济法实践的战略定位、国际金融危机的因应与防范、中国所涉案例、国际商事合同与贸易救济法律制度、双边投资条约与中国海外投资法制、国际税法与中国税收的法治化、国际海事法的新发展以及国际经济法的其他理论与实务问题。何培华律师向大会提交了题为《论我国外资并购立法的现状及存在问题》的论文，并在分组讨论中对我国在外资并购领域的立法状况和法律实务等问题发言。他认为我国的外资并购法律体系在前瞻性、系统性和一致性方面仍有缺陷。主张应充分行使国家立法权，采取单轨制立法模式，改革审批制度，适当下放审批权限，明确外国投资者主体资格的审查标准，完善国有资产评估机制，并强化司法救济制度。

3. 参加全国法律思维研讨会。2010 年，广东合盛律师事务所主任欧永良参加第六届全国“法律方法与法律思维——法律职业伦理:法官与律师之间”学术研讨会，并在会议上作了发言。这次会议针对法治国家建设中法官与律师两大职业系统之间存在的明显问题与社会质疑，致力于向社会传递法官与律师之间值得信赖的关系信息。思考、分析两者之间正常关系的机理，构建法官与律师的制度性合作，促进社会和谐与法治进步。

4. 参加珠江金融论坛。2014 年，天河区的律师代表参加广州金融资产交易中心开业仪式暨金融资产交易创新论坛(第 13 次珠江金融论坛)。该交易中心是贯彻落实国务院批准实施的《珠江三角洲地区改革发展规划纲要(2008—2020 年)》，遵循国务院关于交易场所和运营的有关规定，经广东省人民政府批准设立的金融资产交易市场。该中心主要为各类基础金融资产以及基于基础金融资产开发的金融证券化产品、金融衍生品提供登记、托管、信息发布、清算交收等服务，是我国金融市场不可或缺的组成部分，在金融资源配置中发挥着基础性作用。该中心的设立运营对完善我国金融市场体系，增强金融服务实体经济功能，推进广东省金融改革创新和广州区域金融中心建设，加快广东省产业转型升级和经济发展方式转变，建设幸福广东，具有重要的战略意义。

（四）参与广州市内法律研讨活动。

1. 承办《中华人民共和国物权法》研讨会。2007 年 3 月，广东胜伦律师事务所和北京华夏经济社会发展研究中心承办《中华人民共和国物权法》研讨会，邀请物权法专家王利明授课。来自全国各地的法官、政府部门、律师及企业法务人员共 300 余人参加了此次研讨会。王利明教授作为《中华人民共和国物权法》的主要起草者，就《中华人民共和国物权法》出台的背景、意义、适用范围、基本原则等问题进行了针对性讲解。

2. 参加反家暴研讨会。2014 年，广东海际明律师事务所家事法律中心宋耀红律师和家事法律中心专家成员范利平参加了广东省妇联主办的反家暴研讨会。与会者围绕广东省妇联起草的《广东省家庭暴力防治条例》（建议稿）进行讨论。范利平认为本条例建议稿体现了广东省对于反家暴工作的重视，但是广东省地方立法应当遵循《中华人民共和国立法法》的规定，防止制定超出地方立法权限范围内的规定。可以通过在条例中增加对社会组织、人民团体等反家暴主体的工作职责来提高条例的可操作性，将反家暴工作落实到基层当中。宋耀红律师则以其多年从事婚姻法学研究工作和执业律师的经验和理论心得，分析了我国的反家暴的立法、司法现状。

3. 主讲“妇女权益保护法律知识讲座”。2015 年，广东广信君达律师事务所谢玲丽律师应广州市荔湾区沙面街道办事处、荔湾区司法局沙面司法所的邀请，到沙面文化站举行“妇女权益保护法律知识讲座”。讲座参加者除街道办及司法所女性工作人员外,还有部分沙面岛女性居民。谢玲丽律师主要从女性的财产权、继承权、就业权、人身权等几个方面展开,讲述法律法规对女性权益的特殊保护,并就女性权益遭受侵害时的救济方法与途径提供了建议。

4. 举办《中华人民共和国劳动合同法》专题研讨班。广东胜伦律师事务所与南方劳动法律网举办“《中华人民共和国劳动合同法》理解与适用专题研讨班”,肖胜方律师应邀为劳动者解读《中华人民共和国劳动合同法》以及解惑析疑,发挥了天河区的律师在建设和谐劳资关系、构建和谐社会中的作用。

5. 与广州仲裁委举办专题座谈会。广州仲裁委多次与天河区的律师事务所举行座谈会,围绕国内外仲裁制度、规则以及经办的仲裁案件和社会热点案件,对仲裁规则的合理利用、仲裁员的选择、仲裁解决纠纷的方式的优劣等问题进行专业的探讨;对如何提升仲裁员、律师的专业水平、如何取得当事人的信任以及对重大疑难案件召开专家咨询会议等问题进行交流。

第三节　律师的继续教育

一、参加广州市以外的律师培训

天河区的律师注重职业继续教育,关注职业技能的培养和提升,积极参加各类培训活动。

(一)参加“涉外律师”培训班。2013 年 8 月中华全国律师协会在北京举办“涉外律师‘领军人才’第一期培训班”。经各地省律师协会推荐，中华全国律师协会选拔了 102 名来自全国各地涉外专业律师参加为期 15 天封闭式培训，天河区卢运广律师参加了这次培训。培训以"对外投资和跨国企业并购法律实务"为主题，围绕中国企业"走出去"的大背景，对跨国投资并购活动涉及的法律问题、法律风险、技巧方法等，从理论到实务层面进行了讲解和研讨。授课老师主要来自国家发改委、商务部、国内国际多家律师事务所和长期从事跨国投资并购工作的专家。

第二期、第三期培训班天河区的律师均有参加，并有律师作为优秀学员赴西班牙参加拓展培训。拓展培训的前 3 周是在马德里的 GARRIGUES 培训机构进行，由该所各领域专业的合伙人、律师以及教授讲解国际争议解决、能源法、知识产权法、欧盟法律体系、西班牙及拉丁美洲公司投资并购等课程，培训期间还组织学员们参观了西班牙商事仲裁院，并进行模拟法庭。第 4 周学员们赴比利时布鲁塞尔参观了欧盟三大机构（欧盟议会、欧盟委员会、欧盟理事会），参加有关讲座，加深了对欧盟机构和法律体系的认识和了解，并在项目后 2 周安排学员们在 GARRIGUES 律师事务所内实习。

（二）参加税务律师培训班。2014 年 7 月，首届"中国税务律师和税法研究生暑期学院"培训活动在北京举办。天河区的多名税务律师参加了这次培训。中华全国律师协会秘书长周院生出席开幕式。中华全国律师协会与中国政法大学合作举办此次培训活动，是实施"律师服务经济社会发展业务创新拓展工程"的有益尝试，也加强了税务律师队伍建设，提高了税务律师的服务能力。

在中华全国律师协会举办的“青年律师培养示范班”“律师职业道德教育”“律师岗前培训”“律师商标代理业务”“律师从事证券法律业务培训班”等各种培训中，都有天河区的律师参与，他们坚持高标准、严要求的执业准则，不断提高思想素质、业务素质和职业道德素质。

二、参加广州市的业务培训

广州市司法局为了提高律师在相关领域的专业服务技能，定期开展主题多样的培训活动，天河区的律师每期都有大批学员通过参加培训，进一步提升自己的专业技能和法律服务水平。

（一）“律师职业道德和执业纪律教育”专项培训。从2011年开始，广州市司法局、广州市律师协会每年在广州市律师队伍中开展“律师职业道德和执业纪律教育”专项培训。天河区各个律师事务所大力倡导律师参加，截至2015年，先后对数千名律师以分批脱产的方式进行了培训。有效提高了天河区的律师规范执业，防范执业风险的水平，提升了律师社会形象。法律专家以专题讲座的形式，对行政处罚案例及其规定、行业处分案例及行业纪律要求等内容作了讲解和分析。各位执业律师通过学习，了解到在日常执业过程中易出现的违规行为，加深了对执业纪律和职业道德等规范的认识，避免以后执业中发生“踩红线”的现象，对有效防范执业风险起到警示和启发的作用，规范了律师执业行为。

（二）律师公共法律服务培训班。2014年10月，由天河区司法局主办、华南师范大学法学院协办的“律师公共法律服务培训班”举行。来自天河区60所律师事务所的150名律师参加了培训。天河区司法局局长罗育辉在开班讲话中对天河区公共法律服务的现状和未来规划进行了阐述,对各所律师参与天河区公共法律服务表示肯定与感谢,指出了对律师进行公共法律服务业务技能培训的必要性和重要性。律师们通过参加培训更好地探索了公益法律服务的工作方式,促进了日后开展更多内容丰富、形式多样、高效便民的公共法律服务。

(三)律师行业税务培训。2015年广州市司法局、广州市律师协会在广东科学馆联合举办“广州市律师行业税务培训”,邀请广州市地税局税政二处科长黄飞讲授律师行业个人所得税相关知识。天河区的部分律师参加了此次培训,通过参加培训,进一步了解了个税的相关知识。明白雇员律师、兼职律师和出资律师应当如何计缴个人所得税、出资律师转让财产份额应如何计缴个人所得税以及年所得12万元以上纳税人的自行申报义务等内容。此外,广州市律师协会还与地税局合作举办过多次的税务培训、税务知识讲座。

(四)律师事务所合伙人培训。2008年,广州市律师事务所合伙人“大学习、大讨论”专题培训班在花都举办,共有来自198所律师事务所的600多名合伙人参加了这次培训。天河区的律师事务所的合伙人代表也参与了培训。这次培训班的主题为学习贯彻党的十七大精神以及对胡锦涛总书记在全国政法工作会议代表和全国大法官、大检察官座谈会上的重要讲话开展“大学习、大讨论”。培训班以嘉宾集中授课、组织参训人员进行分组讨论等形式展开,通过深入开展“大学习、大讨论”专题培训活动,使律师牢固树立正确的执业观、政治意识和大局意识。天河区国信联合律师事务所合伙人陈默与参加培训的合伙人一起分享了合伙律师事务所规范管理方面的经验。

此外，广州市司法局、广州市律师协会还先后举办“青年律师大讲堂”系列、“岭南知识产权沙龙”系列、“广州律师高峰论坛”、“公职律师法律实务高级研修班”、“法律英语沙龙”系列、“一村居一法律顾问”、“千名青年律师千场法律服务”活动暨第五期广东青年律师“千优百俊”人才培训班、“律师事务所合伙人培训班”、“律师岗前培训班”和“百名公益专家律师高级研修班”等各类主题丰富的培训班。对此，天河区各律师事务所都进行了大力宣传，鼓励本所律师踊跃参加各种培训活动，在提升专业技能的同时，提高服务水平，从整体上促进天河区律师业的发展。天河区的律师也曾应邀担任多期培训班的主讲人，取得了主办方和学员的好评，提升了天河区的律师知名度。

第六章　天河区的律师办案和收入情况

第一节　天河区的律师承办案件情况

一、天河区的律师业诉讼业务增幅逐年加大

从天河区的律师业务的数量来看，天河区管所[①]民事诉讼、刑事诉讼、行政诉讼三类案件，2009 年案件数量 670 件，2010 年

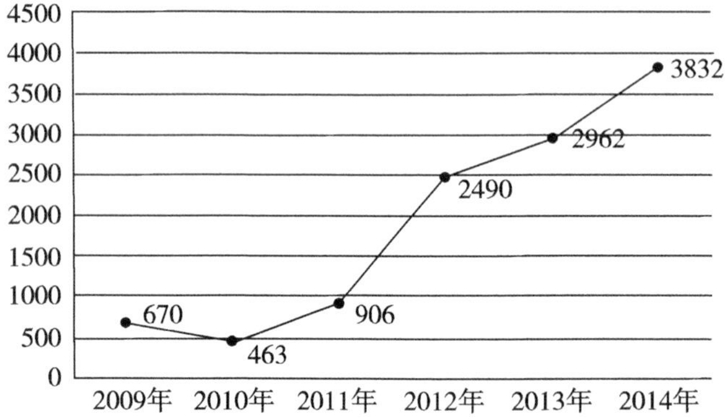

图 6.1　2009—2014 年天河区管所年诉讼总案件数(件)

---

① 天河区管所业务的相关信息由天河区司法局直接提供，而关于天河区内市属律师事务所业务的相关信息无法查找，所以本蓝皮书在此以及下文仅引用天河区管所业务的相关信息。

463件,2011年906件,2012年2490件,2013年2962件,2014年3832件[①]。2014年案件数量较2009年增加了4.7倍,五年时间增幅甚大。

二、天河区的律师业诉讼业务中民事案件占绝大多数

2012—2014年,在天河区诉讼案件业务构成中,民事诉讼、刑事诉讼、行政诉讼三类案件数量的比重分别为:

2012年,天河区管所民事案件数量1871件,占案件总量的75%。

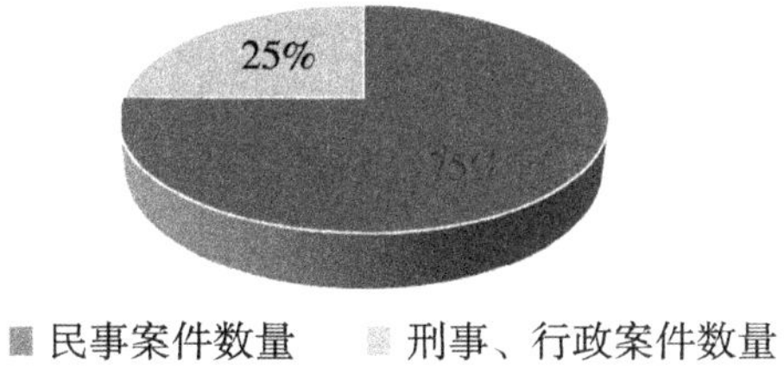

图6.2　2012年天河区管所民事案件数量与刑事、行政案件数量比重

2013年,天河区管所民事案件数量2305件,占案件总量的78%。

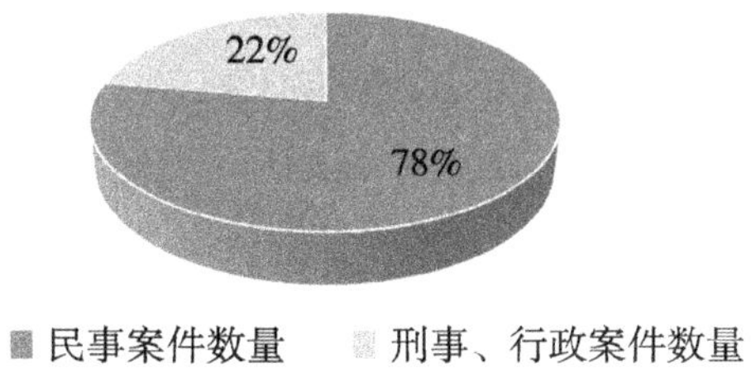

图6.3　2013年天河区管所民事案件数量与刑事、行政案件数量比重

① 数据均来源于广州市天河区司法局律公科统计报表。

2014年,天河区管所承接的民事诉讼、刑事诉讼、行政诉讼三类案件3832件。其中,民事诉讼代理2978件,占案件总量的79%;刑事诉讼辩护及代理760件、行政诉讼代理97件,共占案件总量的21%。

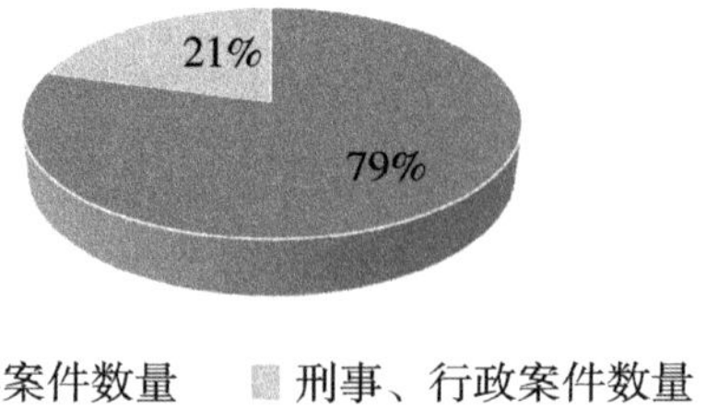

图6.4 2014年天河区管所民事案件数量与刑事、行政案件数量比重

从图6.2—图6.4可以看出,民事案件数量占全部案件数量的绝大多数,刑事案件和行政案件的数量虽逐年增长,但占诉讼案件的比例基本不高于25%。

三、天河区的律师业民事诉讼业务中合同纠纷案件居多

近年来,在天河区的诉讼案件中,合同纠纷案件增长迅速,占民事案件中的比重很大。天河区管所民事诉讼中的合同纠纷案件2009年有12件,2010年有130件,2011年有237件,2012年有795件,2013年有1114件。2014年,天河区管所2975件民事诉讼案件中,合同纠纷案件有1485件,侵权纠纷案件有323件,婚姻家庭纠纷案件有249件,继承权纠纷案件有38件,劳动争议案件有377件,涉及农民工案件有3件,知识产权案件有78件,其他民事诉讼案件有422件。

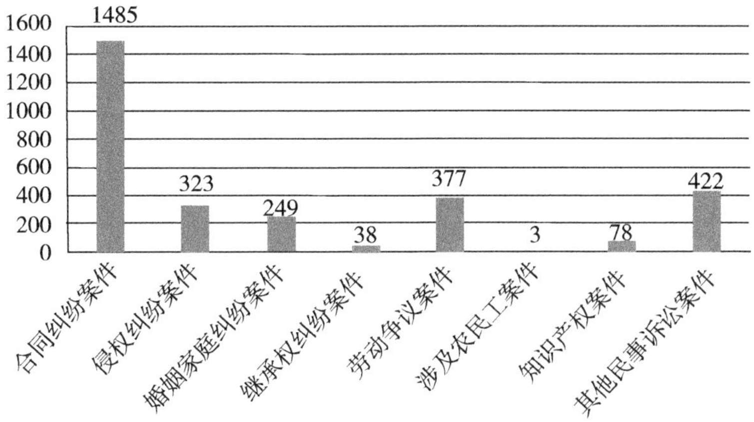

图 6.5　2014 年天河区管所民事诉讼各类案件数量(件)

四、天河区的律师业非诉讼业务增长迅猛

衡量一地之律师业是否发达,律师办理非诉讼业务的能力以及非诉讼业务的比重是很重要的衡量指标。2014 年,天河区管所提供非诉讼法律服务 1817 件,收费 6913.14 万元。其中知识产权专项法律事务 60 件,收费 142.39 万元;房地产专项法律事务 69 件,收费 1039.73 万元;公司专项法律事务 430 件,收费 2655.35 万元;金融专项法律事务 15 件,收费 227.73 万元;证券专项法律事务 75 件,收费 1350.69 万元;其他非诉讼业务 275 件,收费 1180.03 万元。提供咨询和代写法律文书合计 785 次,收费 117.49 万元;其中口头咨询 520 次,收费 3.48 万元;书面咨询 56 次,收费 11.86 万元;代写法律文书 209 件,收费 102.15 万元。调解成功合计 108 件,收费 199.7 万元;其中非诉讼调解 31 件,收费 77.1 万元。

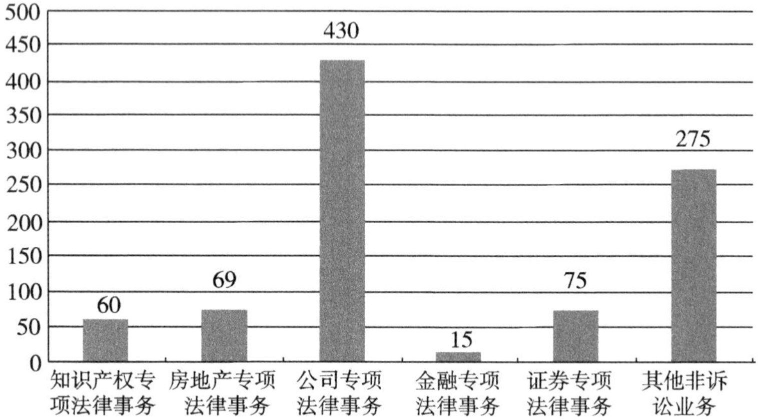

图 6.6　2014 年天河区管所各类非诉讼业务数量(件)

第二节　天河区的律师收入情况

律师收入主要源于收费。律师收费指律师向法律事务委托人收取服务费用和办案费用。现行的律师收费计价标准分为计件收费、按比例收费、计时收费和风险收费四种,收费的方式分为政府指导价与市场调节价两类。根据 2014 年国家发展改革委发布的《关于放开部分服务价格意见的通知》(发改价格〔2014〕2755 号),绝大部分民事诉讼和部分行政诉讼、国家赔偿案件的律师代理收费实行市场调节价,这使得政府指导价的适用范围在限缩,市场调节价的适用范围在扩张。这有利于市场在资源配置中起决定性作用,促进律师行业发展。

从全国情况来看,我国律师收入有两个基本特点:一是律师收入差距大,地区发展不平衡;二是律师收入占 GDP 的比例过低。我国律师收入占 GDP 的比例不到0.1%。北京、上海在全国最高，占 0.4%—0.5%，与发达国家和地区相比，差距仍然很大。美国律师收入占 GDP 的比例是 1.5%—1.8%，欧洲国家通常是1%左右。

一、天河区的律师年人均收入较高

2009—2014 年，天河区的律师人均收入分别是 19.7 万元、15.6 万元、15.8 万元、25.9 万元、30.2 万元和 32.8 万元。2009—2010 年，人均收入总体呈下滑趋势，但自 2011 年开始，人均收入则稳步上升。

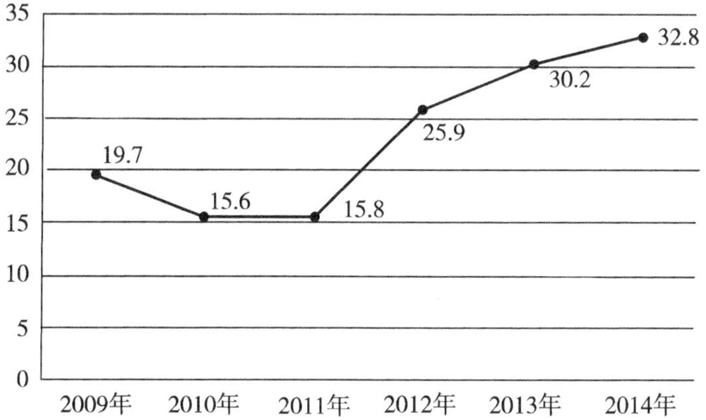

图 6.7　2009—2014 年天河区的律师年人均收入数据图(万元)

据数据显示，2013 年全国律师人均收入额是 19.19 万元，2013 年广东省律师人均收入额是 28 万元。通过横向比较，在律师年均收入上，天河区的律师事务所比全国、全省乃至全市人均收入水平要高。产生这一差异的原因不仅包括律师事务所的数量及规模，同时，也与天河区的经济发展水平和案源集聚效应休戚相关。

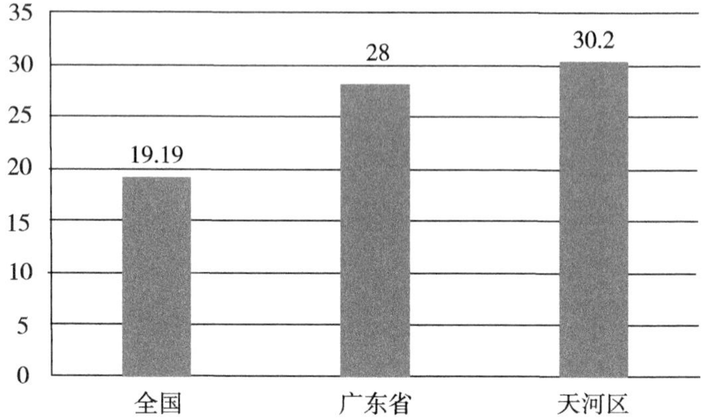

图 6.8　2013 年全国、广东省和天河区的律师人均收入数据图（万元）

二、天河区的律师收入占 GDP 比例较高

从 GDP 角度衡量，北京、上海、广州、深圳经济总量位列全国前四，而律师的收入毫无疑问是与地方的经济相关的，这四个城市的律师收入也是居全国前四。

2013 年，全国国内生产总值（GDP）58.80 万亿元，全国律师总收入达 473 亿元[①]，占比约 0.08%，广州市地区生产总值（GDP）15420.14 亿元，律师收入约 23 亿元，占比 0.15%；天河区 GDP 实现 2781.6 亿元，律师收入 6.9 亿元，占比 0.25%，高于广州市以及全国律师收入 GDP 占比。

---

① 数据来自《律师收入破密》，载"中国律政网"，最后访问日期：2015 年 11 月 22 日。

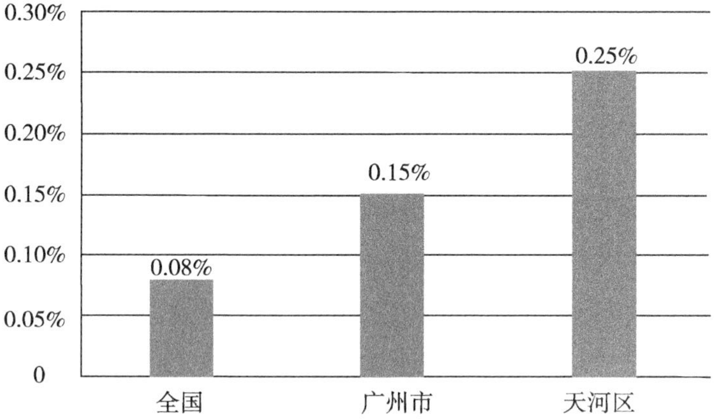

图 6.9　2013 年天河律师收入占 GDP 比重与全国、广州律师收入占 GDP 比重比较

三、天河区的律师诉讼业务收入增长迅速

2009—2014 年，天河区管所在民事诉讼、刑事诉讼、行政诉讼三类案件上，收入分别实现 240.9 万元、734.6 万元、1808.3

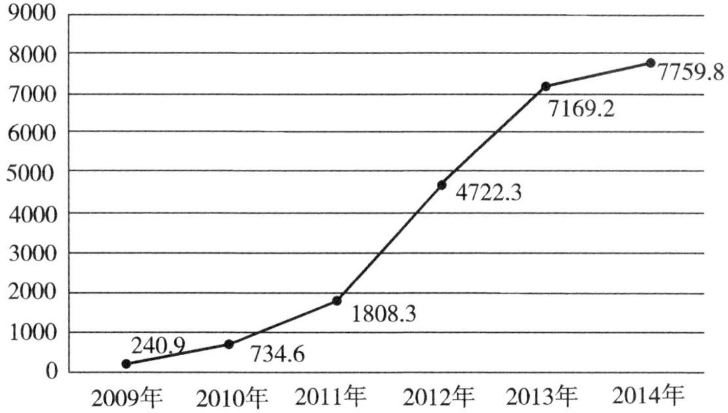

图 6.10　2009—2014 年天河区管所年诉讼收入数据图（万元）

万元、4722.3 万元、7169.2 万元和 7759.8 万元,年平均增幅达到 214.4%,可见天河区的律师诉讼业务处于飞速发展的态势当中。

四、天河区的律师诉讼业务收入中民事案件收入占绝大多数

2012—2014 年,天河区诉讼案件业务构成中,民事诉讼、刑事诉讼、行政诉讼三类案件收入的比重分别为:

2012 年,天河区管所民事案件收入 3954.78 万元,占诉讼总收入的 84%;刑事、行政案件收入占诉讼收入总量的 16%。

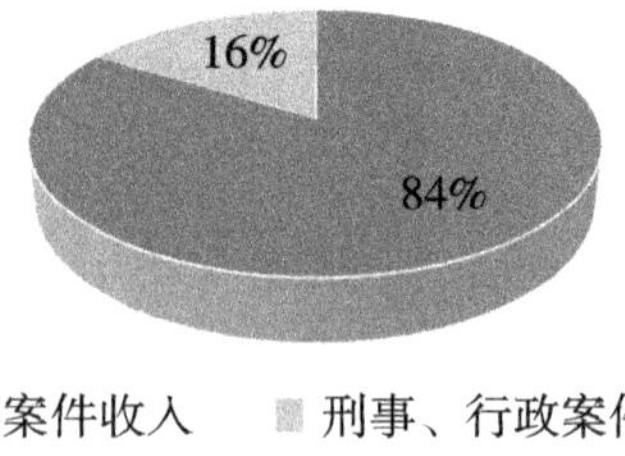

图 6.11 2012 年天河区管所民事案件收入与刑事、行政案件收入比重

2013 年,天河区管所民事案件收入 6334.47 万元,占诉讼总收入的 88%;刑事、行政案件收入占诉讼收入总量的 12%。

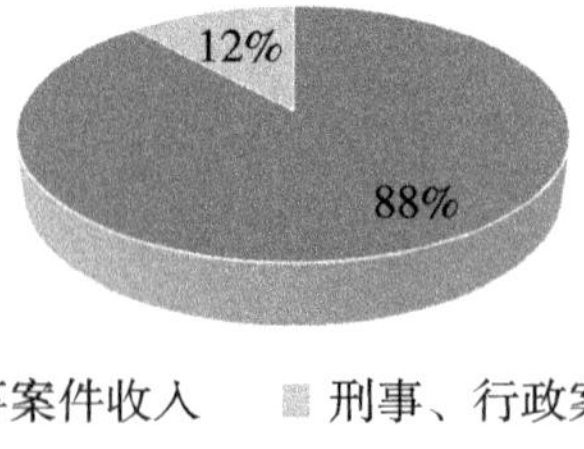

图 6.12 2013 年天河区管所民事案件收入与刑事、行政案件收入比重

2014 年,天河区管所民事案件收入 6291.84 万元,占诉讼总收入的 81%。刑事、行政案件收入占诉讼收入总量的 19% 左右。

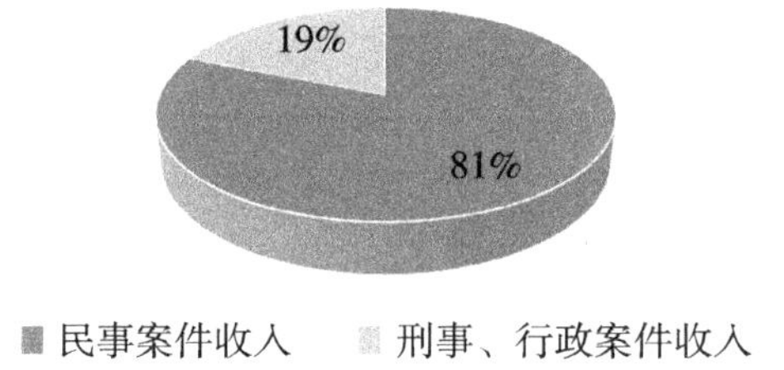

图 6.13　2014 年天河区管所民事案件收入与刑事、行政案件收入比重

从图 6.11—图 6.13 可以看出,民事案件收入占律师诉讼收入的绝大多数,收入比例多年稳定在 80% 以上。

五、天河区的律师民事诉讼业务收入中合同纠纷案件收入占比高

合同纠纷案件收入增长迅速,占民事案件收入中的很大比重。2009—2014 年,天河区管所诉讼民事合同纠纷案件收入和比重情况如下:

2009 年,天河区管所民事诉讼中的合同纠纷案件收入 21.3 万元,占诉讼总收入的 8%。

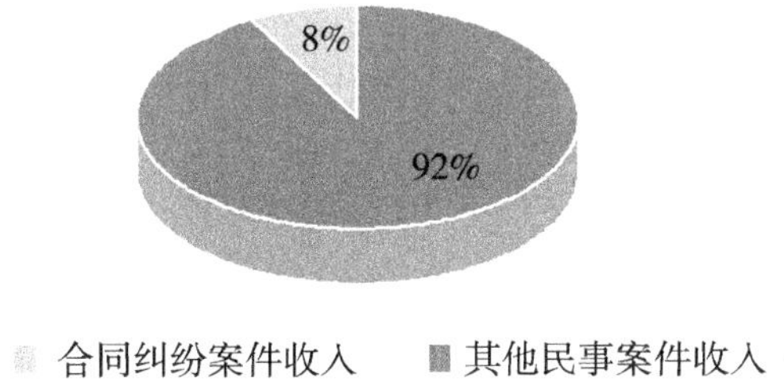

图 6.14　2009 年天河区管所诉讼合同纠纷案件收入与其他诉讼收入比重

2010年，天河区管所诉讼中的合同纠纷案件收入218.6万元，占诉讼总收入的30%。

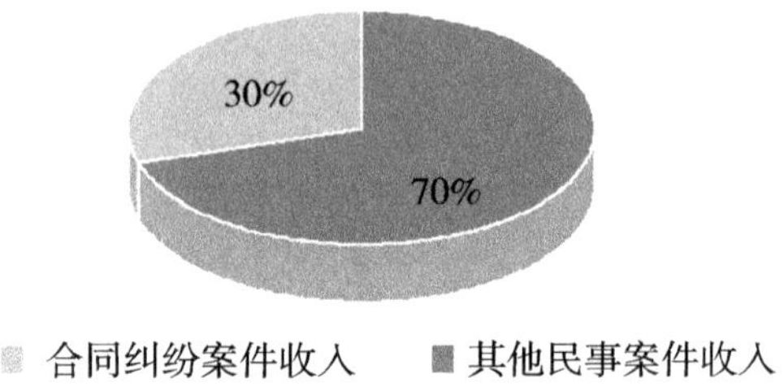

图6.15 2010年天河区管所诉讼合同纠纷案件收入与其他诉讼收入比重

2011年，天河区管所诉讼中的合同纠纷案件收入1008.4万元，占诉讼总收入的56%。

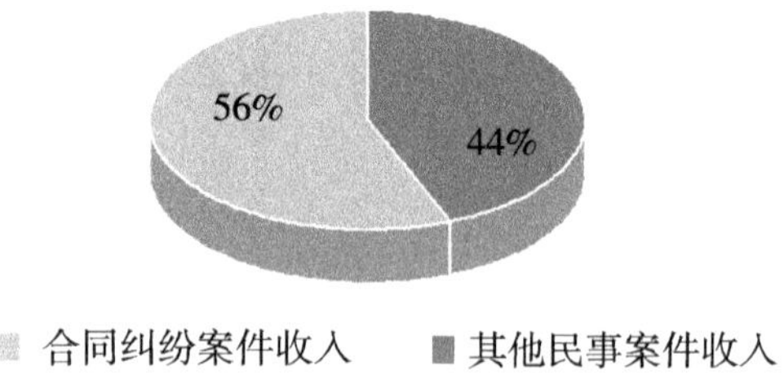

图6.16 2011年天河区管所诉讼合同纠纷案件收入与其他诉讼收入比重

2012年，天河区管所诉讼中的合同纠纷案件有795件，收入2456.1万元，占诉讼总收入的52%。

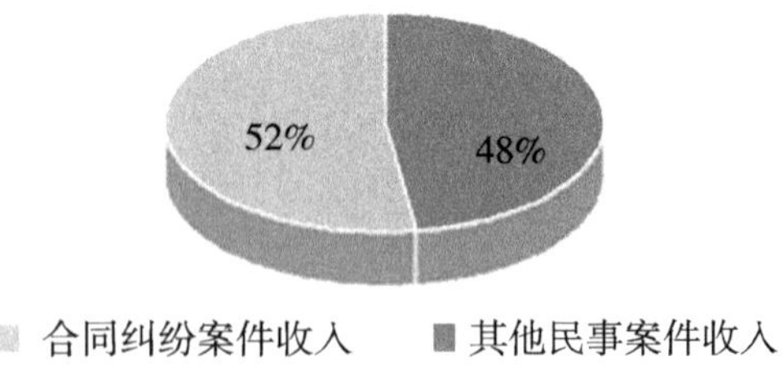

图6.17 2012年天河区管所诉讼合同纠纷案件收入与其他诉讼收入比重

2013 年,天河区管所诉讼中的合同纠纷案件有 1114 件,收入 3624.6 万元,占诉讼总收入的 50%。

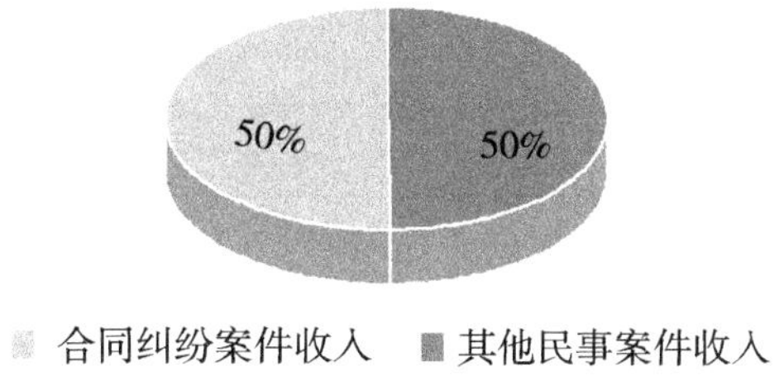

图 6.18　2013 年天河区管所诉讼合同纠纷案件收入与其他诉讼收入比重

2014 年,天河区管所诉讼中的合同纠纷案件有 1485 件,收入 3780.4 万元,占诉讼总收入的 49%。另外,侵权纠纷案件 323 件,收费 788 万元;婚姻家庭纠纷案件 249 件,收费 250 万元;继承权纠纷案件 38 件,收费 119 万元;劳动争议案件 377 件,收费 545 万元;涉及农民工案件 3 件,收费 1 万元;知识产权案件 78 件,收费 211 万元;其他民事诉讼案件 422 件,收费 580 万元。非合同纠纷案件收入占全部民事案件收入的 51%。

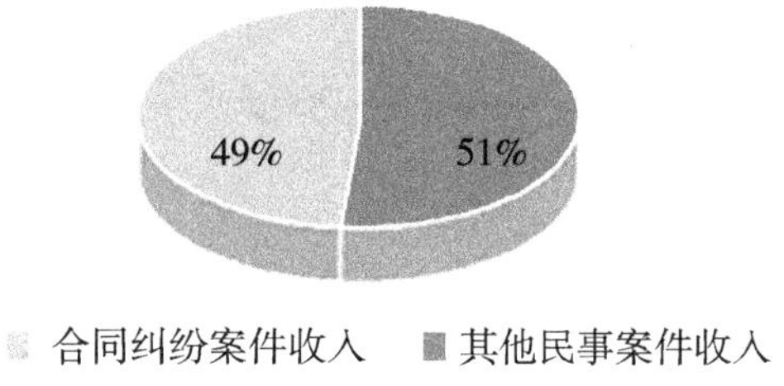

图 6.19　2014 年天河区管所诉讼合同纠纷案件收入与其他诉讼收入比重

从图 6.16—图 6.19 可以看出,2011—2014 年合同纠纷案件收入占民事案件收入的比重基本稳定在 50% 左右。

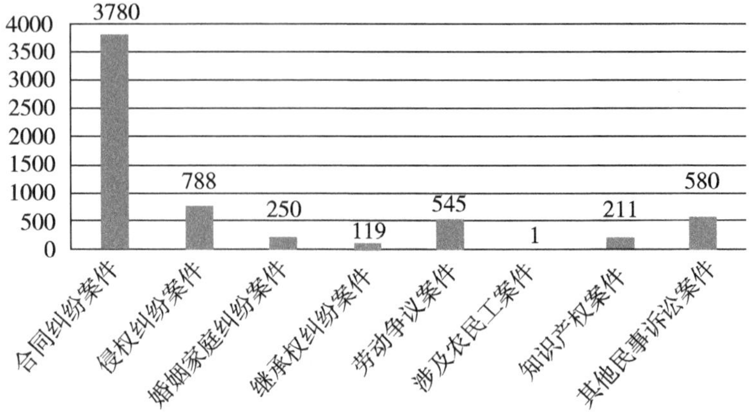

图 6.20 2014 年天河区管所民事诉讼各类案件收费总数(万元)

六、天河区的律师非诉讼业务收入增长很快

2007—2014 年,天河区非诉讼业务收入分别为 4150.36 万元、6335.82 万元、3258.45 万元、6159.36 万元、6267.24 万元、6742.28 万元、16944.98 万元、23043.80 万元。八年间,非诉讼收入得到快速增长,增长率接近 30%,2012—2013 年,非诉讼收入成倍增长,并突破了亿元瓶颈,达到了近 1.7 亿元。2014 年非诉讼收入再次实现飞速增长,超过了 2 亿元。

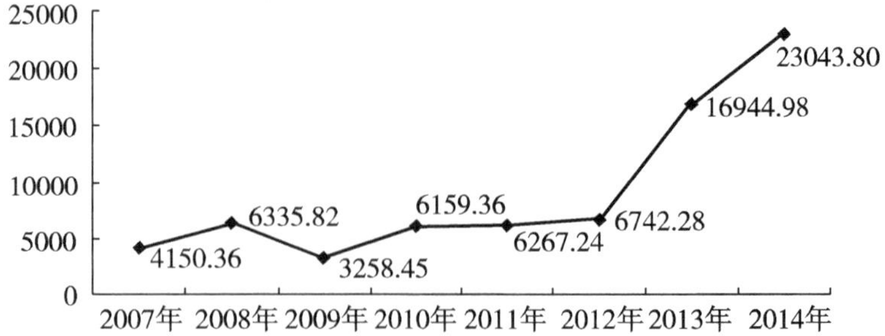

图 6.21 2007—2014 年天河区管所非诉讼业务收入(万元)

与非诉讼收入的增长相比,2007—2014 年,天河区管所诉讼收入分别实现 13831.54 万元、18318.29 万元、27731.59 万元、19146.61 万元、21207.33 万元、25092.75 万元、19067.53 万元、25866.67 万元,诉讼收入处于波动态势。显然,与诉讼业务的增长相比,非诉讼业务收入增长率更高。

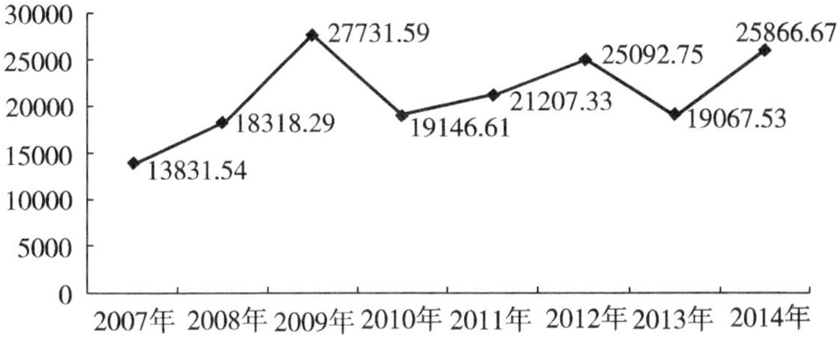

图 6.22　2007—2014 年天河区管所诉讼业务收入(万元)

另外,从单件案件的盈利比较, 2009 年单件诉讼案件产生 0.36 万元收入;2010 年产生 1.59 万元收入;2011 年产生 1.99 万元收入;2012 年产生 1.89 万元收入;2013 年产生 2.43 万元收入;2014 年产生 2.03 万元收入。2007—2014 年,单件诉讼案件的平均收入为 2 万多元。

就非诉讼业务而言,2009 年单件非诉讼业务产生 0.05 万元收入; 2010 年产生 0.76 万元收入;2011 年产生 0.38 万元收入;2012 年产生 1.18 万元收入;2013 年产生 2.26 万元收入;2014 年产生 3.8 万元收入。

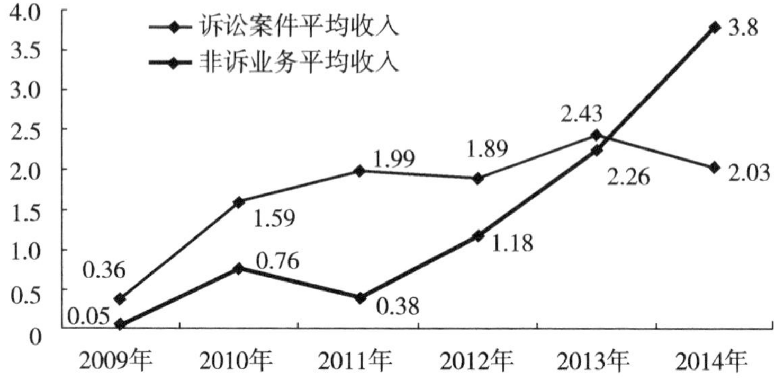

图 6.23　2009—2014 年单件诉讼案件与单件非诉讼业务收入(万元)

由上可知,对于天河区的律师业务收入而言,单件诉讼业务多年内增长并不显著,诉讼业务已经属于“红海”,很难成为天河区的律师业务收入发展未来增量的倚重点。反观非诉讼业务,收入增长率、单件业务的盈利能力等各项指标都在快速增长,代表着“蓝海”,存在着广阔的发展空间。

七、天河区区管所的律师非诉讼业务收入增长至接近全部收入的一半

2009 年非诉讼收入 3258.45 万元,诉讼收入 27731.59 万元,非诉讼收入比重为 11% 。

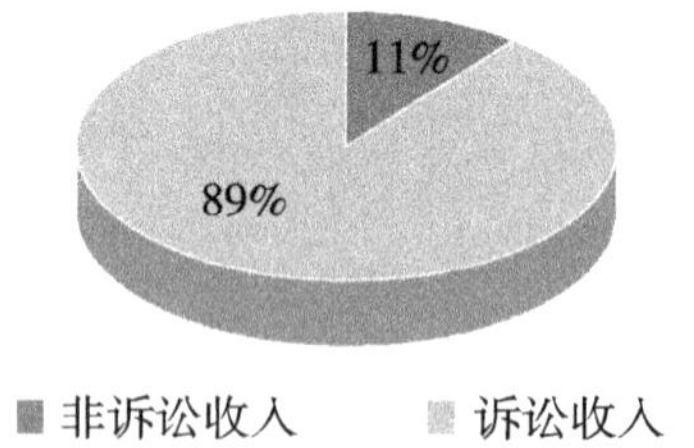

图 6.24　2009 年非诉讼收入与诉讼收入比重

2010 年非诉讼收入 6159.36 万元,诉讼收入 19146.61 万元,非诉讼收入比重为 24%。

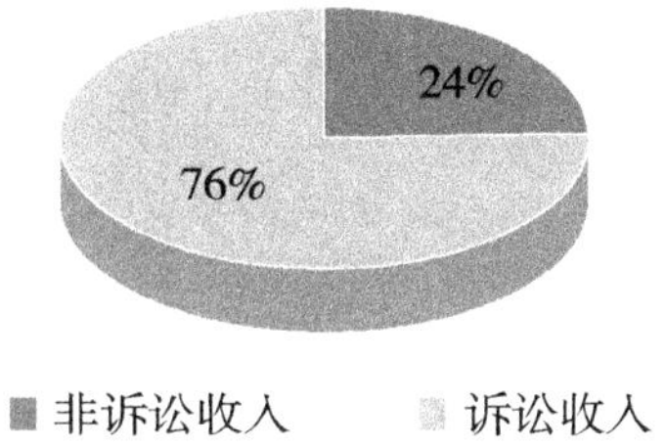

图 6.25　2010 年非诉讼收入与诉讼收入比重

2011 年非诉讼收入 6267.24 万元,诉讼收入 21207.33 万元,非诉讼收入比重为 23%。

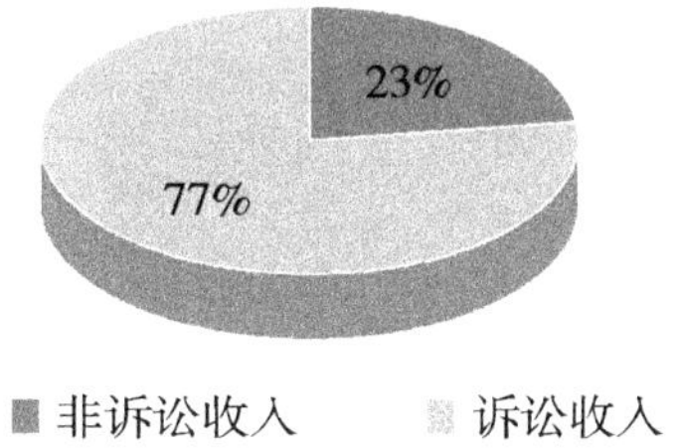

图 6.26　2011 年非诉讼收入与诉讼收入比重

2012 年非诉讼收入 6742.28 万元,诉讼收入 25092.75 万元,非诉讼收入比重为 21%。

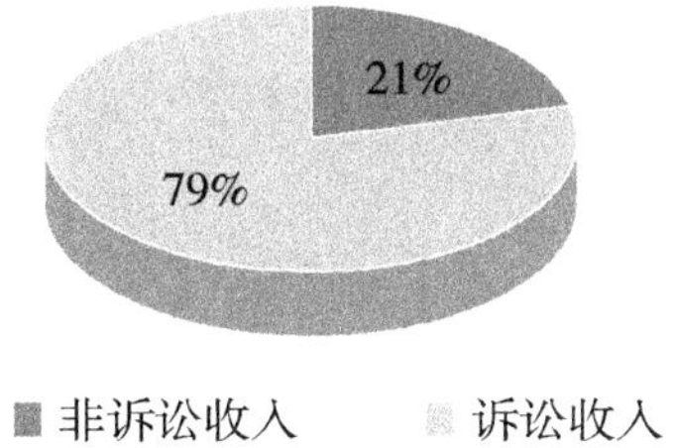

图 6.27　2012 年非诉讼收入与诉讼收入比重

2013 年非诉讼收入 16944.98 万元，诉讼收入 19067.53 万元，非诉讼收入比重为 47%。

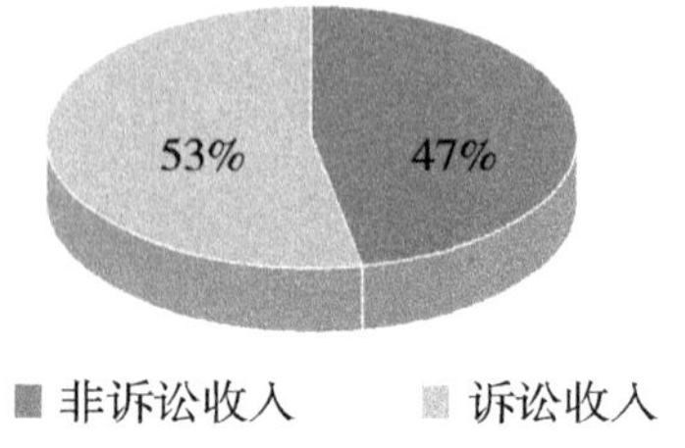

图 6.28　2013 年非诉讼收入与诉讼收入比重

2014 年非诉讼收入 23043.80 万元，诉讼收入 25866.67 万元，非诉讼收入比重为 47%。

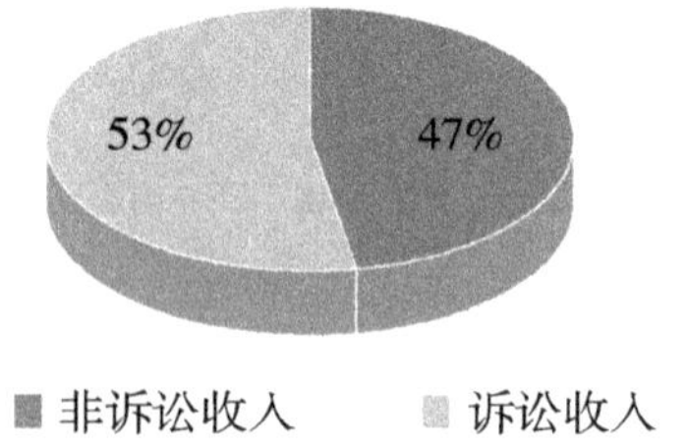

图 6.29　2014 年非诉讼收入与诉讼收入比重

从 2009 年至今，天河区的律师非诉讼收入的比重处于稳定增长之中，且 2013 年和 2014 年非诉讼收入得到大幅度的增长，与诉讼收入呈平分秋色之势。而就全国整体而言，目前非诉讼业务仅占到行业总收入的 1/3 左右。

八、天河区的律师非诉讼业务收入中的公司业务收入占比较大

2009 年，天河区管所非诉讼业务中的公司业务有 46 件，收

入46万元，占非诉讼业务总收入的33%。

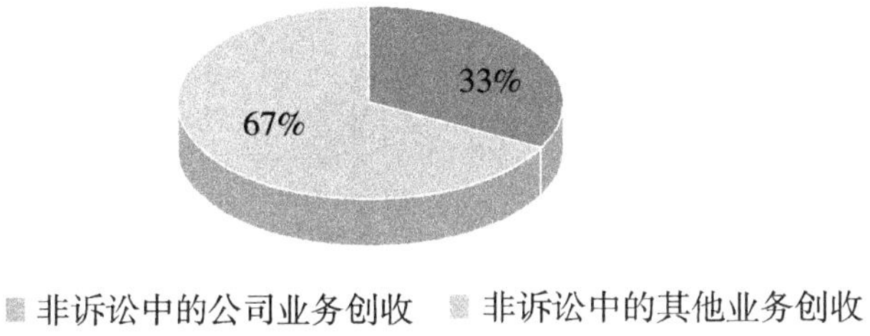

图6.30　2009年天河区管所公司业务收入与其他非诉讼业务收入比重

2010年，天河区管所非诉讼业务中的公司业务有17件，收入54.7万元，占非诉讼业务总收入的17%。

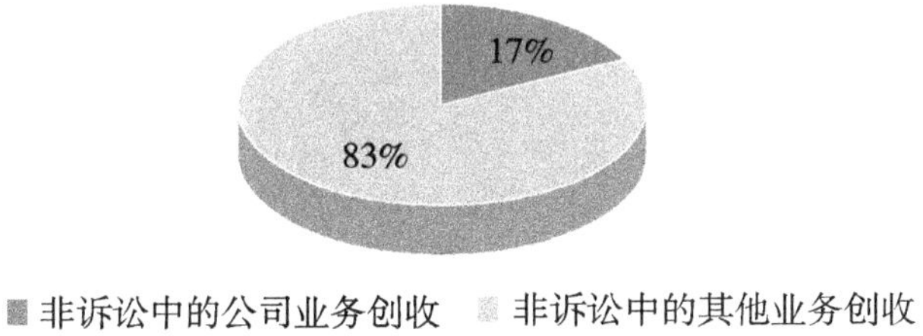

图6.31　2010年天河区管所公司业务收入与其他非诉讼业务收入比重

2011年，天河区管所非诉讼业务中的公司业务有266件，收入325.4万元，占非诉讼业务总收入的24%。

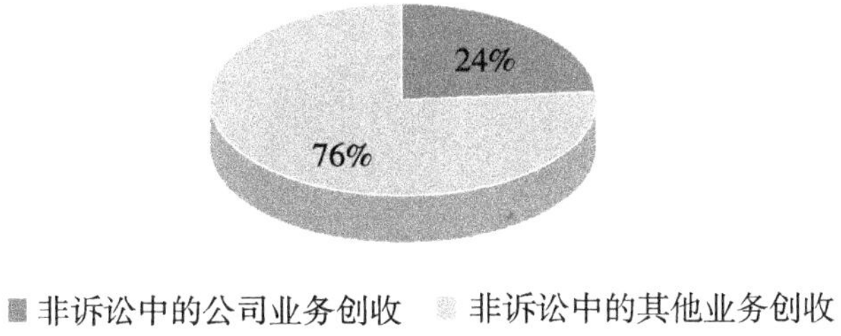

图6.32　2011年天河区管所公司业务收入与其他非诉讼业务收入比重

2012 年,天河区管所非诉讼业务中的公司业务有 431 件,收入 1474.8 万元,占非诉讼业务总收入的 36%。

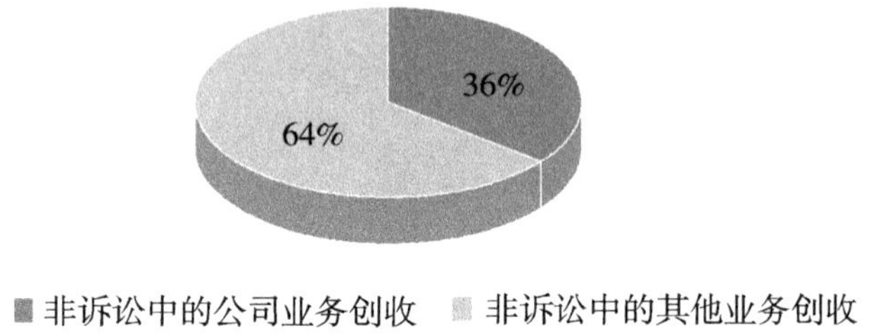

图 6.33　2012 年天河区管所公司业务收入与其他非诉讼业务收入比重

2013 年,天河区管所非诉讼业务中的公司业务有 286 件,收入 1719.5 万元,占非诉讼业务总收入的 30%。

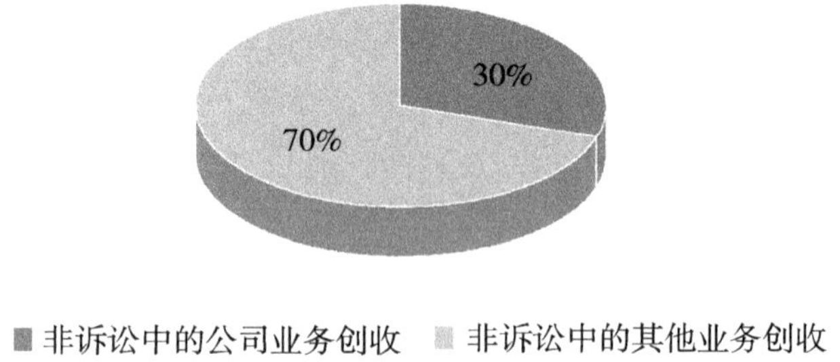

图 6.34　2013 年天河区管所公司业务收入与其他非诉讼业务收入比重

2014 年,天河区管所非诉讼业务中的公司业务有 430 件,收入 2655.4 万元,占非诉讼业务总收入的 38%。

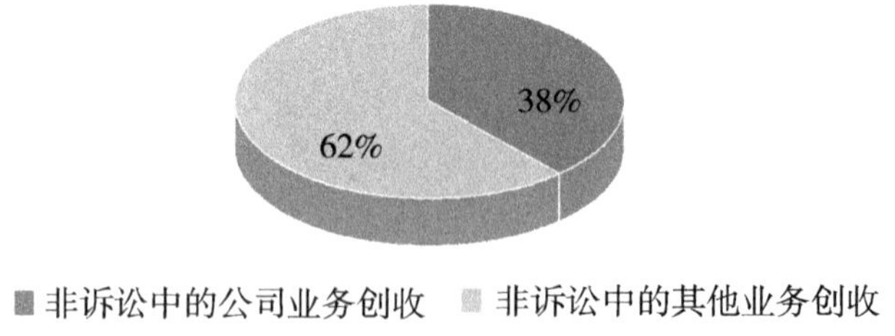

图 6.35　2014 年天河区管所公司业务收入与其他非诉讼业务收入比重

从图 6.30—图 6.35 可以看出，公司业务占据非诉讼业务收入近 40% 的比重。

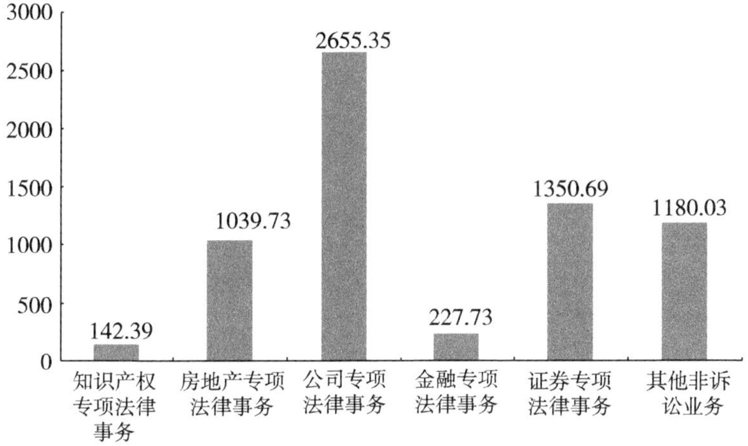

图 6.36 2014 年天河区管所各类非诉讼业务收入（万元）

九、天河区的律师收入满意度有待提高

如图 6.37 所示，根据对天河区的律师收入满意度调查结果显示，有 65% 的律师认为自己的实际收入低于期望值：其中认为收入偏低的律师占 33%；认为收入中等偏低的占 32%；认为自己的收入属中等水平的律师占 28%，仅有 6% 的律师认为自己的收入中等偏高，1% 的律师认为自己收入较高。

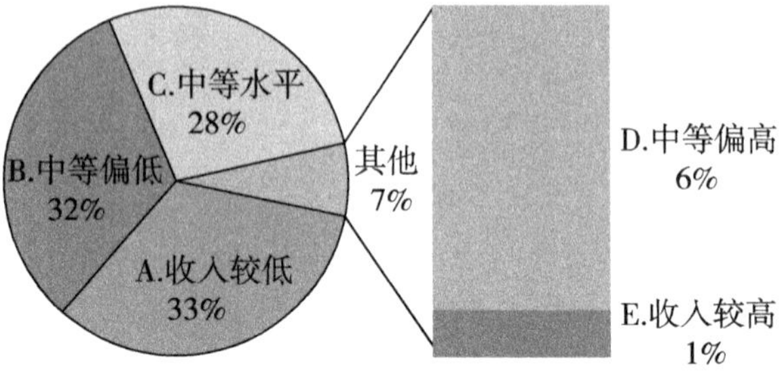

图 6.37　有关天河区的律师对自己收入满意度的调查结果图

表 6.1　天河区的律师年收入水平的调查结果表

选项	小计(人次)	比例
A. 年收入在 7 万元以内	130	35.62%
B. 年收入在 7 万—12 万元	64	17.53%
C. 年收入在 12 万—20 万元	79	21.64%
D. 年收入在 20 万—50 万元	76	20.82%
E. 年收入在 50 万元以上	16	4.38%

* 本调查表有效填写 365 人次。

在收回的 365 份有效问卷中，年收入在 7 万元以内的有 130 人，占比 36.62%；年收入在 7 万—12 万元的有 64 人，占比 17.53%；年收入在 12 万—20 万元的有 79 人，占比21.64%；年收入在 20 万—50 万元的有 76 人，占比 20.82%，年收入在 50 万以上的有 16 人，占比 4.38%。

可见，超过 1/3 的律师年收入在 7 万元以下，超过 1/2 的律师年收入在 12 万元以下，收入在 20 万元以上的律师占总人数的 25% 左右，收入在 50 万元以上的律师约占总人数的 5% 左右。总体而言，天河区的律师收入水平较高，近一半的律师月均收入在1万元以上。然而，律师间的收入差距还是较大。

十、天河区的律师普遍看好律师业发展前景

表6.2　天河区的律师对律师业前景的预期调查表

选项	小计(人次)	比例
A. 前景很好	74	20.27%
B. 前景较好	198	54.25%
C. 前景一般	80	21.92%
D. 前景较不好	8	2.19%
E. 前景很不好	5	1.37%

* 本调查表有效填写365人次。

调查结果显示，54.25%的律师认为律师业发展前景较好；20.27%的律师认为律师业发展前景很好；21.92%的律师认为律师业发展前景一般；2.19%的律师认为律师业发展前景较不好；1.37%的律师认为律师业发展前景很不好。

可见，占74.52%的律师认为律师业的发展前景是好的，仅占3.56%的律师认为律师业发展前景不好。大部分天河区的律师对律师业发展前景还是充满希望的。

第七章　天河区律师事务所和律师的获奖情况

第一节　天河区获奖的律师事务所

位于天河区内的律师事务所（以下简称天河律师事务所）中共有8家律师事务所先后获得过司法部“部级文明律师事务所”或者中华全国律师协会“全国优秀律师事务所”称号；另有多所律师事务所获得广东省司法厅“先进律师事务所”称号、广东省律师协会“全省优秀律师事务所”、广州市律师协会“广州市十佳律师事务所”、“广州市优秀律师事务所”等奖励。下面按照各获奖律师事务所所获奖励的层级、数量和时间先后顺序分别予以介绍。

一、获得全国性重要奖励的天河律师事务所（排名不分先后）

广东广信君达律师事务所

广东广信君达律师事务所于2012年11月29日由广东广信、广东信利盛达、广东安道永华三家“广州十佳”律师事务所合并成立，是在广东率先采用特殊普通合伙形式、实行公司化运作的首家律师事务所。2015 年广信君达律师事务所员工近 400 人，其中律师超过 300 人。

🏅主要荣誉：

1. 1996 年，获中宣部、司法部授予"全国法律服务行业文明服务窗口"称号。

2. 1998 年，被司法部授予全国首批"部级文明律师事务所"称号。

3. 2005 年，被中华全国律师协会授予"全国优秀律师事务所"称号。

4. 1995 年，被广东省司法厅授予"广东省先进律师事务所"称号。

5. 2007 年，被广州市律师协会授予首届"广州市十佳律师事务所"称号。

6. 2012 年，被广州市律师协会授予"2009—2011 年度广州市十佳律师事务所"称号。

广东启源律师事务所

广东启源律师事务所原名广东商务金融律师事务所，成立于 1984 年，1994 年改制为合伙所，2000 年更名。该所有执业律师 100 余人，律师助理等辅助人员 40 余人。

🏅主要荣誉：

1. 2005 年，被中华全国律师协会授予"全国优秀律师事务所"称号。

2. 2008 年，被中华全国律师协会授予"2005—2007 年度全国优秀律师事务所"称号。

3. 2011 年,被广东省律师协会授予“2008—2010 年度全省优秀律师事务所”称号。

广东格林律师事务所

广东格林律师事务所前身为广东律师事务所,创建于 1985 年,拥有执业律师 100 余人,是一家规模较大的综合性合伙制律师事务所。

主要荣誉:

1. 1998 年,被司法部授予全国首批“部级文明律师事务所”称号。

2. 2005 年,被中华全国律师协会授予“全国优秀律师事务所”称号。

国信信扬律师事务所

国信信扬律师事务所于 2012 年 8 月 16 日由国信联合律师事务所与广东信扬律师事务所合并成立。国信信扬律师事务所拥有执业律师近 200 人,是广东省综合性大型律师事务所之一。2016 年 11 月,国信信扬改制为特殊普通合伙律师事务所。

主要荣誉:

1. 2000 年,被司法部授予“部级文明律师事务所”称号。

2. 2011 年,被广东省律师协会授予“2008—2010 年度全省优秀律师事务所”称号。

3. 2014 年,被广州市发改委认定为“广州市总部企业”。

广州金鹏律师事务所

广州金鹏律师事务所成立于 1993 年 1 月 29 日,是广州市属最早的合伙制律师事务所,2015 年 9 月改制为特殊普通合伙律师事务所。该律师事务所拥有执业律师、律师助理及行政人员100余人,是广州大型综合性律师事务所之一。

🏅主要荣誉:

1. 2011年,被中华全国律师协会授予"2008—2010年度全国优秀律师事务所"称号。

2. 1998年,被广东省司法厅授予"广东省文明律师事务所"称号。

3. 2007年,被广州市律师协会授予首届"广州市十佳律师事务所"称号。

广东法制盛邦律师事务所

广东法制盛邦律师事务所成立于1983年,原名广东对外经济律师事务所,是一家全国大型综合性合伙制律师事务所。2015年该所员工超过300人,其中执业律师270余人。

🏅主要荣誉:

1. 2005年,被中华全国律师协会授予"全国优秀律师事务所"称号。

2. 2011年,成为中共中央统战部、司法部"同心·律师服务团签约单位"。

3. 2007年,被广州市律师协会授予首届"广州市十佳律师事务所"称号。

广东东方昆仑律师事务所

广东东方昆仑律师事务所成立于1998年,拥有律师和职员200余人,是一家大型综合性律师事务所。

🏅主要荣誉:

1. 2011年,被中华全国律师协会授予"2008—2010年度全国优秀律师事务所”称号。

2.2011年,成为中共中央统战部、司法部“同心·律师服务团签约单位”。

广东合盛律师事务所

广东合盛律师事务所成立于2001年,是一家从事国内及涉外法律业务的律师事务所。广东合盛律师事务所有合伙人8人,专业律师21人。

🏅主要荣誉:

1.2015年,被中华全国律师协会授予“2011—2014年度全国优秀律师事务所”称号。

2.2012年,被广州市律师协会授予“2009—2011年度广州市十佳律师事务所”称号。

3.2007年,荣获广州市律师协会首届“广州市十佳律师事务所提名奖”。

广东敬海律师事务所

广东敬海律师事务所成立于20世纪80年代,其航运和保险法律事务以专业分工最精细,规模最大而著称,是一家大型综合性律师事务所。该所有员工250余人,其中律师、专家顾问和各种专业人士150余人。

🏅主要荣誉:

1.荣获钱伯斯(Chambers and Partners)2011年度、2012年度、2016年度中国“最佳海商海事律师事务所”称号,2012年度中国“最佳保险法律师事务所”称号。

2.2017年,被广东省律师协会授予“2012—2016年度全省优秀律师事务所”称号。

二、获省市级重要奖励的天河律师事务所（排名不分先后）

广东卓信律师事务所

广东卓信律师事务所成立于1999年，2016年年底搬迁到天河区，有执业律师80余人，是一家规模较大的综合性合伙制律师事务所。

主要荣誉：

1.2017年，被广东省律师协会授予“2012—2016年度全省优秀律师事务所”称号。

2.2007年，被广州市律师协会授予首届“广州市十佳律师事务所”称号。

广东金轮律师事务所

广东金轮律师事务所成立于1995年，有执业律师50余人，是广东省设立较早、规模中等的合伙制律师事务所之一。

主要荣誉：

2017年，被广东省律师协会授予“2012—2016年度全省优秀律师事务所”称号。

广东海际明律师事务所

广东海际明律师事务所成立于1994年，有执业律师50余人，该所推行公司化管理，是一家中等规模的合伙制律师事务所。

主要荣誉：

2017年，被广东省律师协会授予“2012—2016年度全省优秀律师事务所”称号。

广东南国德赛律师事务所

广东南国德赛律师事务所成立于 2001 年，有执业律师 80 余人，是一家规模较大的综合性合伙制律师事务所。

主要荣誉：

1. 2007 年，被广州市律师协会授予首届“广州市十佳律师事务所”称号。

2. 2012 年，被广州市律师协会授予“2009—2011 年度广州市十佳律师事务所”称号。

广东天胜律师事务所

广东天胜律师事务所成立于 1984 年，有执业律师和各类专业人员 70 余人，是广东省设立最早、规模较大的合伙制律师事务所之一。

主要荣誉：

2012 年，被广州市律师协会授予“2009—2011 年度广州市十佳律师事务所”称号。

广东金领律师事务所

广东金领律师事务所于 2001 年 1 月 1 日由广州中国法律咨询中心及广州市国际经济贸易律师事务所合并改组为合伙制律师事务所，有执业律师 30 余人。

主要荣誉：

2012 年，被广州市律师协会授予“2009—2011 年度广州市十佳律师事务所”称号。

北京市金杜（广州）律师事务所

北京市金杜律师事务所成立于 1993 年，拥有律师、代理人及专业人员 1000 余人，全球就职员工超过 5000 余人。北京市金杜(广州)律师事务所成立于2002年7月,截至2014年11月执业律师44人,实习律师20人。

🏅主要荣誉:

2007年,荣获广州市律师协会首届"广州市十佳律师事务所提名奖"。

第二节　天河区获奖的律师

在天河区内执业的律师(以下简称天河律师)中既有全国人大代表和全国政协委员,也有中华全国律师协会副会长和专业委员会主任,还有多位律师先后获得"全国优秀律师"等全国性荣誉称号,另有多名律师获得"全省优秀律师"和广州市"十佳律师""优秀律师""行业服务突出贡献奖"等荣誉称号和奖励。下面按照各获奖律师所获奖励的层级、数量和时间先后顺序分别予以介绍。

一、获得全国性奖励的天河区律师(排名不分先后)

吴青　北京金杜(广州)律师事务所

北京市金杜(广州)律师事务所合伙人,第十二届全国人大代表,第十届、第十一届广东省人大代表,2015年第二届最高人民法院特约监督员,最高人民法院环境资源司法研究中心研究员以及环境资源司法审判咨询专家,第十一届广东省人大常委会法制委员会委员,第九届、第十届广东省律师协会副会长。

荣获中华全国律师协会“2005—2007 年度全国优秀律师”称号、“2008—2010 年度全国优秀律师”称号。

朱征夫　广东东方昆仑律师事务所

广东东方昆仑律师事务所主任，第十一届、第十二届全国政协委员，第八届、第九届中华全国律师协会副会长，第九届、第十届广东省政协常委，2015 年第二届最高人民法院特约监督员，天河区法学会副会长。

荣获 2009 年中央统战部、工业和信息化部、人力资源和社会保障部、国家工商行政管理总局、全国工商联“全国优秀中国特色社会主义事业建设者”称号，广东省律师协会“2008—2010 年度全省优秀律师”称号，广东省律师协会 2010 年“全省律师行业参政议政杰出贡献奖”。

欧永良　广东合盛律师事务所主任

广东合盛律师事务所主任，第八届、第九届中华全国律师协会副会长，第九届、第十届广东省律师协会会长，中共广州市第九次代表大会代表，广州市法学会副会长，天河区法学会副会长。

荣获广东省律师协会 2010 年“广东省律师行业参政议政杰出贡献奖”，广州市律师协会 2007 年首届“广州市十佳律师”称号。

庄伟燕　广东广信君达律师事务所

广东广信君达律师事务所合伙人，第十一届广东省律师协会副会长，第八届广州市律师协会副会长，第十届、第十一届广东省人大常委会立法顾问，广州市人大常委会立法顾问，广东省民商法学研究会副会长。

荣获中华全国律师协会 2005 年首届“全国优秀律师”称

号,广州市律师协会2007年首届“广州市十佳律师”称号,广州市律师协会“2012—2015年度行业服务突出贡献奖”。

王波　广州金鹏律师事务所

广州金鹏律师事务所主任,第九届、第十届、第十一届广东省律师协会副会长,第七届广州市律师协会会长,第十四届广州市人大常委会立法顾问,政协第十二届广州市委员会法制工作顾问,广州市人民政府法律咨询专家,首届广东省法官检察官遴选委员会委员。

荣获中华全国律师协会“2005—2007年度全国优秀律师”称号,广州市律师协会2007年首届“广州市十佳律师”称号,广州市律师协会“2012—2015年度优秀律师”称号。

刘涛　广东连越律师事务所

广东连越律师事务所主任,第十一届广东省律师协会副会长,第十二届广东省人民代表大会代表,第十三届广东省人民代表大会常务委员会委员,广东省人大法制委员会委员,广东省检察学研究会副会长,第十届广东省律师协会副总监事,广东省高级人民法院特邀案件评查员,广州知识产权法院法官遴选委员会委员。

荣获中华全国律师协会“2008—2010年度全国优秀律师”称号,广东省第三届优秀“中国特色社会主义事业建设者”称号,广东省律师协会成立30周年全省律师行业“参政议政杰出贡献奖”,广州市天河区“优秀人才”称号。

林泰松　国信信扬律师事务所

国信信扬律师事务所主任,广东省律师协会民事法律专业委员会主任,广州市律师协会副会长,第十四届、第十五届广州市人民代表大会代表，广东省人大常委会立法咨询专家，广东省高级人民法院监督员，广州仲裁委员会专家、仲裁员，天河区法学会副会长。

荣获中华全国律师协会“2011—2014年度全国优秀律师”称号，广州市天河区“杰出人才”称号。

毕亚林　广东天一星际律师事务所

广东天一星际律师事务所主任，广东省律师协会宣传交流工作委员会主任，第九届广州市律师协会副会长。

荣获中华全国律师协会“2011—2014年度全国优秀律师”称号，广东省律师协会“2008—2010年度全省优秀律师”称号，广州市律师协会“2012—2015年度行业服务突出贡献奖”。

王云松　广东达熙律师事务所

广东达熙律师事务所主任。

荣获中华全国律师协会“2011—2014年度全国优秀律师”称号，西藏自治区司法厅2014年“西藏法律援助突出贡献律师”称号，广州市律师协会“2012—2015年度优秀律师”称号。

张平　北京市君合(广州)律师事务所

北京市君合(广州)律师事务所合伙人，第七届、第八届广州市律师协会副会长，广东省律师协会证券法律专业委员会主任(2007—2013年)。

荣获中华全国律师协会“2008—2010年度全国优秀律师”称号，广州市律师协会“2012—2015年度行业服务突出贡献奖”。

许光玉　广东海建律师事务所

广东海建律师事务所主任，曾任中华全国律师协会海商海事专业委员会执行委员、广东省律师协会海事海商法律专业委员会主任。

荣获中华全国律师协会2005年首届“全国优秀律师”称号。

伍穗生　广东启源律师事务所

广东启源律师事务所合伙人会议主席，曾任广东省律师协会金融法律专业委员会副主任、广州市律师协会副会长。

荣获中华全国律师协会2005年首届“全国优秀律师”称号。

王敬　广东敬海律师事务所

广东敬海律师事务所主任，中华全国律师协会海商海事专业委员会主任，第十届广东省律师协会海商海事法律专业委员会主任，中国海商法协会理事。

荣获《亚洲法律杂志》2004年度、2007年度、2011年度“法律领军人物——保险、知识产权、航运领域”。

陈镇慧　广东启源律师事务所

广东启源律师事务所主任，第八届广东省律师协会房地产法律专业委员会秘书长，第八届广州市律师协会建筑与招投标法律专业委员会主任。

荣获中华全国律师协会2005—2007年度“全国优秀律师”候选人，广东省律师协会1995年首届“广东省优秀律师”称号，广东省律师协会“2012—2016年度全省优秀律师”称号，广州市律师协会“2009—2011年度广州市十佳律师”称号，广州市律师协会“2012—2015年度优秀律师”称号。

游植龙　广东经纶律师事务所

广东经纶律师事务所合伙人，广东省律师协会婚姻家庭法律专业委员会主任，广州市律师协会婚姻家庭法律专业委员会主任。

荣获中华全国妇女联合会2013年“全国维护妇女儿童权益先进个人”称号,广州市律师协会“2012—2015年度优秀律师”称号。

江琪英　广东东方昆仑律师事务所

广东东方昆仑律师事务所律师。

荣获司法部2013年“全国化解社会矛盾维护和谐稳定成绩突出的律师”称号。

二、获得市以上奖励的天河区律师(排名不分先后)

王晓华　广东广信君达律师事务所

广东广信君达律师事务所合伙人会议联席主席,第十届广东省政协常委,广州市人民政府法律咨询专家,第七届广州市律师协会副会长、2008年度执行会长。

荣获广东省律师协会“2008—2010年度全省优秀律师”称号,广州市律师协会“2012—2015年度优秀律师”称号,2013年度广州天河区“创新领军人才”称号。

蔡海宁　广东经纶律师事务所

广东经纶律师事务所主任,中华全国律师协会信息网络与高新技术专业委员会副主任,广东省律师协会第十一届副总监事。

荣获广东省律师协会“2008—2010年度全省优秀律师”称号,广州市律师协会“2012—2015年度行业服务突出贡献奖”。

周兵　广东诺言律师事务所

广东诺言律师事务所合伙人。

荣获广东省律师协会“2012—2016年度全省优秀律师”称

号,广州市律师协会2007年首届“广州市十佳律师”称号,广州市律师协会“2012—2015年度优秀律师”称号。

万晶　北京市君合(广州)律师事务所

北京市君合(广州)律师事务所合伙人。

荣获广东省律师协会“2012—2016年度全省优秀律师”称号,广州市律师协会“2012—2015年度优秀律师”称号,广州市律师协会“2009—2011年度广州市优秀青年律师”称号。

苏祖耀　广东经纶律师事务所

广东经纶律师事务所首席律师,第五届中华全国律师协会理事,第七届、第八届、第九届广东省律师协会公司法专业委员会主任,广州市人大立法咨询专家,广州市人民政府“突发事件应急管理专家”。

荣获广东省律师协会“2012—2016年度全省优秀律师”称号,广州市律师协会2007年首届“广州市十佳律师”称号。

黄山　广东广悦鸿鼎律师事务所

广东广悦鸿鼎律师事务所主任,第九届广州市律师协会副会长,第八届广州市天河区人大代表。

荣获广东省律师协会“2012—2016年度全省优秀律师”称号,广州市律师协会“2012—2015年度优秀律师”称号。

吕春华　广州金鹏律师事务所

广州金鹏律师事务所合伙人,广东省律师协会房地产法律专业委员会副主任。

荣获广东省律师协会“2012—2016年度全省优秀律师”称号,广州市律师协会“2012—2015年度优秀律师”称号。

喻晓明　广东天诺律师事务所

广东天诺律师事务所合伙人，第十五届、第十六届广州市荔湾区人民代表大会代表，第十六届广州市荔湾区人大法制委员会委员。

荣获广东省律师协会“2012—2016 年度全省优秀律师”称号，广州市律师协会“2012—2015 年度优秀律师”称号。

钟闻东　广东济方律师事务所

广东济方律师事务所合伙人，广东省律师协会刑事法律业务委员会副主任，第五届、第六届、第七届广州市律师协会刑事法律业务委员会主任，广州市律师协会业务发展委员会主任，广州市律师协会常务理事，第八届广州市天河区人大代表。

荣获广东省律师协会“2008—2010 年度全省优秀律师”称号。

钟国才　广东南国德赛律师事务所

广东南国德赛律师事务所主任，广州市律师协会常务理事。

荣获广东省律师协会“2012—2016 年度全省优秀律师”称号。

钟瑜　国信信扬律师事务所

国信信扬律师事务所合伙人，第十一届广东省律师协会证券法律专业委员会主任。

荣获广东省律师协会“2012—2016 年度全省优秀律师”称号。

陈广鹏　广东法制盛邦律师事务所

广东法制盛邦律师所合伙人，广东省律师协会宣传交流工作委员会副主任。

荣获广东省律师协会“2012—2016 年度全省优秀律师”。

郑城 北京大成(广州)律师事务所

北京大成(广州)律师事务所合伙人。

荣获广东省律师协会“2012—2016 年度全省优秀律师”称号。

王志军 广东国智律师事务所

广东国智律师事务所主任,第九届广州市律师协会副会长,曾任市律师协会实习管理工作委员会主任、刑事专业委员会主任、业务发展工作委员会主任、广州市律师协会常务理事、第六次全国律师代表大会代表。

荣获广州市律师协会“2009—2011 年度广州市十佳律师”称号,广州市律师协会“2012—2015 年度行业服务突出贡献奖”。

张白沙 北京市中伦(广州)律师事务所

北京市中伦(广州)律师事务所合伙人,联合国贸易与发展会议竞争法合作研究平台研究员,广州市人民政府专家顾问、佛山市人民政府法律顾问,广州市律师协会律师事务所管理指导委员会主任、公平贸易法律专业委员会主任。

荣获广州市律师协会“2009—2011 年度广州市十佳律师”称号,广州市律师协会“2012—2015 年度行业服务突出贡献奖”。

陈默 广东君厚律师事务所

广东君厚律师事务所主任,广州市律师协会常务理事,广州市律师协会第九届总监事,广州市律师协会金融证券专业委员会主任,广州市政府法律咨询专家。

荣获广州市律师协会“2009—2011 年度广州市十佳律师”称号，广州市律师协会“2012—2015 年度行业服务突出贡献奖”。

曲怀远　广东南国德赛律师事务所

广东南国德赛律师事务所合伙人，广州市人大常委会立法顾问。

荣获广州市律师协会“2009—2011 年度广州市十佳律师”称号。

张新强　广东天胜律师事务所

广东天胜律师事务所主任。

荣获广州市律师协会“2009—2011 年度广州市十佳律师”称号。

张育泉　广东法制盛邦律师事务所

广东法制盛邦律师所合伙人。

荣获广州市律师协会“2009—2011 年度广州市十佳律师”称号。

陈军　广州金鹏律师事务所

广州金鹏律师事务所合伙人。

荣获广州市律师协会“2009—2011 年度广州市十佳律师”称号。

杨青燕　广东道威律师事务所

广东道威律师事务所合伙人，曾任广州市律师协会女律师委员会主任。

荣获广州市律师协会“2009—2011 年度广州市优秀女律师”称号，广州市律师协会“2012—2015 年度行业服务突出贡献奖”。

王立新　北京市金杜(广州)律师事务所

北京市金杜律师事务所管理委员会委员、广州分所管理合伙人,广东省律师协会证券法律专业委员会主任,广州市律师协会常务理事。

荣获广州市律师协会“2012—2015 年度优秀律师”称号。

许奋飞　广东君厚律师事务所

广东君厚律师事务所合伙人,广东省律师协会房地产法律委员会主任,广州市律师协会房地产法律专业委员会主任。

荣获广州市律师协会“2012—2015 年度优秀律师”称号。

姚忠平　广东合盛律师事务所

广东合盛律师事务所合伙人,广州市律师协会常务理事,广州市律师协会执业权益保障委员会主任,广东省人大立法咨询专家。

荣获广州市律师协会“2012—2015 年度优秀律师”称号。

江点序　广东君厚律师事务所

广东君厚律师事务所合伙人,广州市律师协会劳动与社会保障法律专业委员会主任,广州市黄埔区政协委员。

荣获广州市律师协会“2012—2015 年度优秀律师”称号。

王建云　广东敬海律师事务所

广东敬海律师事务所合伙人。

荣获广州市律师协会“2012—2015 年度优秀律师”称号。

卢跃峰　北京市大成(广州)律师事务所

北京市大成(广州)律师事务所合伙人。

荣获广州市律师协会“2012—2015 年度优秀律师”称号。

毕亚林　广东天一星际律师事务所

广东天一星际律师事务所主任，广东省律师协会宣传交流工作委员会主任，广州市律师协会副会长。

荣获中华全国律师协会“2011—2014 年度全国优秀律师”称号，广东省律师协会“2008—2010 年度全省优秀律师”称号，广州市律师协会“2012—2015 年度行业服务突出贡献奖”，2018 年 1 月，被司法部、新华网授予“新时代最美法律服务人（律师）”称号。

朱征夫　广东东方昆仑律师事务所

广东东方昆仑律师事务所主任，第十一届、第十二届、第十三届全国政协委员，第八届、第九届中华全国律师协会副会长，第九届、第十届广东省政协委员、常委，最高人民法院特约监督员，广东省政协研究咨询委员会委员，广东省法官检察官遴选委员会委员，广东省人民检察院规范司法行为监督员，中国国际经济贸易仲裁委员会仲裁员，天河区法学会副会长。

荣获“全国优秀中国特色社会主义事业建设者”称号、“全省律师行业参政议政杰出贡献奖”、“全省律师行业管理杰出贡献奖”；2017 年 9 月，撰写的《关于建立外国法和国际法国家数据库》提案荣获“全国政协优秀提案奖”。

刘红丽　广东南国德赛律师事务所

广东南国德赛律师事务所高级合伙人，广州市政协委员、广州市人民检察院人民监督员、广州市工商联执委、广州市党外知识分子联谊会理事、广州市律师协会会展与物流业务专业委员会副主任。曾任广州市劳动保障学会副会长，广州人力资源管理协会副会长。

荣获"法律援助优秀奖",2017 年广州市司法局颁发的"广州市人民检察院人民监督员优秀奖"。

另外,广东君厚律师事务所合伙人刘艳平律师、广东国智律师事务所合伙人毕慧芳律师、广东君厚律师事务所张黔律师、广东法制盛邦律师事务所合伙人南芳律师等荣获广州市律师协会"2009—2011 年度广州市优秀女律师"称号。广东广信君达律师事务所孙俊杰律师、广东伯方律师事务所朱光辉律师、广东金领律师事务所张蓉律师、广东启源律师事务所张豫侃律师、广东环宇京茂律师事务所陆妙卿律师、国信信扬律师事务所梁淑军律师、北京市中伦(广州)律师事务所揭英汉律师等荣获广州市律师协会"2009—2011 年度广州市优秀青年律师"称号。

第八章　天河区律师业发展的优势与不足

第一节　党的十八大后律师业的发展趋势

在党的十八大“四个全面”战略布局下，我国律师业将继续蓬勃发展，律师执业权利会得到更加有效的保障，律师与国家司法机关的关系也会更加规范化、法治化；同时，在“一带一路”倡议的带动下，我国律师业涉外业务将不断增多，而且也会追随中国企业的脚步加快“走出去”。与此同时，在“互联网＋”的时代背景下，律师业的网络化也会不断深入；在律师业大发展、大竞争的过程中，我国律师业的团队化、专业化、公司化、品牌化、国际化将成为显著的发展趋势，非诉讼业务比重将进一步提高，更多的律师会投入更多的时间、精力和金钱从事社会公共法律服务和公益活动，律师的社会政治地位也会进一步提高。总的来说，在今后相当长的一段时期内，我国律师业将主要呈现12个方面的发展趋势，天河区律师业的发展也不会例外。

一、规模化

我国律师业发展趋势的规模化首先体现为全国律师人数

越来越多，规模越来越大。2002 年全国律师为 13.7 万人，到 2015 年年底增加至 29.7 万余人。截至 2016 年 4 月，广州市天河区就有律师 4000 多人。随着市场经济的发展和社会法治水平的提升，可以预见我国律师人数还将继续增加。从发达国家的情况来看，律师人数占人口比例在万分之七或万分之十左右，而我国现在虽然有律师 30 万人，但是和 13.7 亿多人口相比，才只占万分之二左右。虽然有的地方律师人数占比达到万分之八以上，但多数地区还是在万分之一左右，因此，律师队伍还有很大的发展空间。

我国律师业的规模化还体现在单个律师事务所的规模上。截至 2015 年年底，我国有律师事务所 2.4 万多家，虽然律师事务所数量庞大，也有如大成律师事务所、金杜律师事务所、盈科律师事务所等千人以上的全国乃至全球性大型律师事务所。但普遍而言，国内大多数律师事务所的规模偏小，即使是法律服务业较为发达的广州市，平均每家律师事务所拥有执业律师仅 17.42 人。在天河区，平均每家律师事务所拥有执业律师 23 人，90% 以上的律师事务所执业律师人数不超过 50 人。随着我国经济社会的发展，特别是非诉讼业务的发展，有限合伙、特殊普通合伙、公司化律师事务所优越性的发挥，政府的倡导和扶持，以及律师业竞争的日益激烈，越来越多的律师事务所将会通过设立分支机构、吸收团队加盟、合并重组等途径发展壮大，执业律师百人以上的大所将会不断涌现。当然，律师事务所规模化有利也有弊，不能盲目追求“做大”，制度建设和管理能力也要相应提高。

另外，许多中小型律师事务所为了坚持独立自主，在调查、取证、见证、咨询等业务协同合作之余也会谋求联盟合作。律师事务所联盟将成为中小型律师事务所谋求发展的新趋势。

二、规范化

律师业在发展的过程中需要规范好外部关系和内部管理的问题。内外关系的规范化是未来律师事务所发展的趋势之一。

律师事务所要处理好外部关系，如律师事务所与客户的关系、与媒体的关系、与社会的关系、与政府的关系等，尤其是要处理好与公安、法院和检察院等政法机关之间的关系，特别是要规范律师与警察、法官、检察官之间的关系。在规范律师与国家政法机关关系方面，国家越来越强调对律师的尊重与权利保障。2015 年 9 月，最高人民法院、最高人民检察院、公安部、国家安全部、司法部联合出台了《关于依法保障律师执业权利的规定》，对规范政法机关与律师关系、保障律师执业权利具有重要意义。随着这些保障律师执业权利措施的逐步落实，律师执业权利将得到有效保障，特别是刑辩律师的执业环境将得到根本性的改善。

在律师业内部，其管理也会越来越规范，包括一个明确的、合理的律师业准入和退出机制，以及律师之间竞争行为的规范化。另外，律师事务所要努力探索律师事务所内部治理结构，建立起有利于发挥律师事务所整体效能的利益分配制度，处理好合伙人与普通律师、律师与律师助理等之间的关系。自广州市开展创建“广州市规范管理律师事务所”活动以来，已有十七批 205 家律师事务所获得“广州市规范管理律师事务所”达标单位称号。天河区多家律师事务所也因为内部管理规章制度、收结案管理、财务及收费、印章管理、档案管理等方面健全、规范而被评为"广州市规范管理律师事务所"。

三、团队化

传统律师行业的一个特点是律师单打独斗、各显神通，律师既要兼顾营销，又要负责办案。而在一个律师事务所团队中往往由一个领袖、几个核心成员和普通成员组成，有明确的分工与合理的分配制度。

目前，许多律师事务所的业务基本实现团队化运作。今后大多数律师也将会选择这一业务模式。越来越多的律师会转变传统执业理念，培养新型执业观，通过组建或加入团队，积极参与律师事务所团队化建设，掌握团队化运作的技巧，适应团队化发展，并在团队化运作中逐渐成熟。目前，天河区较大规模的律师事务所在团队化方面已经蔚然成风。

四、专业化

随着社会对法律服务的需求越来越专业化、层次化，单打独斗的"万金油"律师正逐渐被市场淘汰，专业化成为律师业发展的一个明显趋势。专业化既是律师个人业务的专业化，也是律师事务所业务的专业化，还是律师事务所管理的专业化。

刑事辩护、海事海商、公司证券、知识产权、建筑房地产、拆迁征收、环境能源、交通事故、医疗、劳资、婚姻继承、财富传承等领域都能形成专业化的法律服务市场。在天河区，一些专业化律师事务所给我们提供了成功的范本。例如，北京德恒（广州）律师事务所在公司、证券等法律服务领域，广东敬海律师事务所在海商海事和保险领域,都做得较为专精,形成了专业特色。此外,一些中型律师事务所将自身定位为高端商事法律服务提供者,为当事人提供更专更精的商事诉讼和非诉讼法律服务。在管理方面,一些规模较大的律师事务所已经或者正在引入决策与执行、日常管理相分离的专业管理模式。

五、非诉讼化

中国传统的观念认为律师就是打官司的,随着社会经济的不断发展进步,这一社会观念逐渐在改变。律师业务主要有两个方面:一是诉讼业务,二是非诉讼业务。2015 年,全国律师办理诉讼案件 280 多万件,办理非诉讼法律事务近 100 万件,担任法律顾问 50 多万家。

在国际上,法律服务市场成熟的地方,80% 以上的律师主要从事非诉讼业务,律师 80% 以上的收入来源也主要是非诉讼业务。虽然在广州市天河区这样的国内经济发达地区,律师业的非诉讼业务和诉讼业务可以平分秋色,但就全国整体而言,目前非诉讼业务仅占到律师行业总收入的 1/3,许多中西部地区甚至仅在 1/10 左右。无论经济发达地区还是欠发达地区,非诉讼事务都有很大发展空间。目前国家政策也非常支持律师非诉讼业务的发展。2016 年 6 月中共中央办公厅、国务院办公厅印发《关于深化律师制度改革的意见》中就提出"充分发挥律师在依法管理社会经济事务中的重要作用,把律师专业意见作为特定市场经济活动的必备法律文书"。

随着社会经济的发展以及国家政策的支持,非诉讼业务将逐渐成为我国法律服务市场的主流。律师把更多的精力放在非诉讼业务上，这是律师业对社会经济生活参与程度越来越高的表现，也是社会进步的体现。

六、公司化

目前，国内大多数合伙制律师事务所的运作模式与普通租赁式商场的模式如出一辙，律师事务所与律师之间的关系是商场与商户的关系，而不是公司与雇员的关系。律师作为法律服务的实际提供者，在没有薪酬保障的情况下，既要缴纳各种律师事务所相关费用，又要承担个人相关的全额社保及其他费用，时刻为案源而操心，此外还要学习众多适时更新的法律条文和面对错综复杂的各种案情。

律师事务所公司化运营的本质是律师事务所作为法律服务经营活动中责、权、利的主体，对于律师事务所自身运营与发展起到主导和引领作用，引入公司化的文化建设、团队培养、业务拓展、口碑运营等。在律师事务所内部有明确的组织架构与业务流程分工，让每一个律师及其他辅助人员都有自己专业领域的细分权限与义务，按月可从律师事务所领取劳动报酬。律师事务所实施公司化运作之后，每个律师及其辅助人员的时间与精力都能集中到自己最擅长、最能创造价值的领域，每一项智力成果也能最大限度地被重复运用，从而放大其价值。

目前，我国真正实行公司化运作的律师事务所并不多，在广州也不超过10家。但这少量的律师事务所却表现得相当出色，利润率普遍超过同等规模的非公司化运营的律师事务所。从事公司及非诉讼业务为主的律师事务所将率先进行公司化模式管理，公司化运营的律师事务所收入将会占到律师业收入总额的一半。

七、品牌化

律师事务所作为独立的经济实体，也需要品牌化。品牌化就是指律师事务所将某一专业进行品牌化建设和管理，用以区别其他的同行，形成自己的独特标识。通过自己的品牌既能吸引客户，又能与其他的律师事务所区别开来，使得律师事务所的服务和律师成了有形的品牌。如果没有品牌，律师事务所在客户的心目中就无法留下印象。

尽管目前我国律师事务所中真正做到品牌化的并不多，在广州市天河区 170 多家事务所中，也只有 10 余家形成了品牌化，但这代表了律师事务所未来发展的一个趋势。

八、国际化

律师服务的国际化水平是衡量一国法律服务业综合实力的重要标志。我国律师业国际化的内容包括服务对象的国际化，为境内的外国公民与企业提供诉讼和非诉讼法律服务；服务地域的国际化，到境外设立分支机构或者与境外律师事务所联营，在境外为当事人，特别是中国公民和企业提供诉讼和非诉讼法律服务；服务人员的国际化，吸收境外人士加入中国律师事务所，以中国律师的名义，或者作为中国律师的辅助人员执业；还有就是业务合作的国际化，中外律师相互委托一些自己不能做或不便做的调查、取证、公证、出庭等业务。如天河区内的广东敬海律师事务所是律师事务所国际化的先行者，它在香港和纽约设有分所，加入了国际律师联盟 Terra Lex，而且雇有外籍专家，并配有专门翻译人员。

2016 年出台的《关于发展涉外法律服务业的意见》和《关于深化律师制度改革的意见》中提出要健全完善扶持保障政策、进一步建设涉外法律服务机构、发展壮大涉外法律服务队伍、健全涉外法律服务方式、提高涉外法律服务质量、稳步推进法律服务业开放，支持律师事务所设立境外分支机构，承接跨国跨境业务，更好维护我国公民、法人在海外及外国公民、法人在我国的正当权益，到 2020 年建设一批规模大、实力强，具有国际竞争力和影响力的律师事务所。这些重大改革，都加快和加大了我国律师业国际化的速度和进程。

九、公益化

美国是 80% 的律师做业务，20% 的律师做社会公益事业。公益化也为中国律师提升社会形象、扩大社会作用带来了契机。习近平总书记在十八届中央政治局第四次集体学习中强调，要加大对困难群众维护合法权益的法律援助，“如果群众有了司法需求，需要打官司，一没有钱去打，二没有律师可以求助，公正司法从何而来呢”？2016 年 6 月，中共中央办公厅、国务院办公厅印发的《关于深化律师制度改革的意见》中还提到“推进覆盖城乡居民的公共法律服务体系建设，积极开展公益法律服务活动，发展公益法律服务机构和公益律师队伍，推动法律服务志愿者队伍建设，加强律师参与法律援助工作”。律师传统的社会公益活动主要就是法律宣传、咨询和向符合条件的困难群体免费提供法律援助。2015 年中国律师办理法律援助案件 132 万件，提供法律援助咨询 704 万人次。

在广州市律师协会和天河区司法局的引导和支持下，天河区律师业持续开展系列公益活动，除了参加“1 + 1”法律援助志愿者活动外，还举行一村（社区）一法律顾问、法律进村居活动，开展律师事务所与司法所“所所结对”活动，参与“广州市律师公益服务团”“百名专家律师公益法律服务活动”“广州律师公益项目创意大赛”“暖企活动”，成立爱心基金，捐资助学等形式多样、内容丰富的公益活动。如由广东广信君达律师事务所在全国率先发起的“责任社会 · 美丽中国”律师社会公益计划；广东君厚律师事务所长期担任前进街道及天河南街道的法律顾问，为辖区内群众免费提供法律咨询和法律服务，化解社会矛盾；广东伯方律师事务所为河源市和平中学捐赠 9 万元人民币；北京德恒（广州）律师事务所、广东金桥百信律师事务所等多位律师加盟华南师范大学法学院校外导师团队，承担“高校法律实践教学公益项目”等。随着我国公共法律服务体系建设和政府购买公共法律服务的推广和深化，今后将会有更多的律师用更多的时间从事具有公益性的法律服务。

十、网络化

目前，我国已有十几家法律电商平台，全国网络法律咨询总量和网络法律案件委托量快速上升，2014 年上半年网络委托案件量达到 67 万件，与上一年同期相比增长 8.5%。

另有数据显示，遇到法律问题的人群，62% 的人会先通过网上寻找相关法律信息；全国在网上注册的执业律师人数已达到 17.7 万人，近七成律师在网上提供各种法律服务。

过去人们所理解的律师业网络化包括案源拓展的网络化，

内部管理的网络化，案件辅助信息的网络化，人力资源系统的网络化，财务管理系统的网络化、律师信息查询系统的网络化、行业管理系统的网络化等。在“互联网＋”的时代，随着互联网、大数据、云计算等关键技术的突破和发展，机器智能将在法律服务市场中扮演越来越重要的角色。机器智能与法律服务行业的深度融合在保证法律服务质量，降低法律服务门槛和成本，为律师的服务提供基本输入方面，发挥着前所未有的作用。

法律服务因为技术的介入而进一步商品化，法律服务市场将会有更多的主体进入。不少机构开始进行跨界、转型以及融合，形成新的业态，创造新的价值，如法宝网、赢了网、法大大、安盾网、无讼阅读等法律电商和产品崭露头角，并对传统律师业开始造成冲击。虚拟律师事务所或者律师事务所网络平台的问世是律师工作方式网络化发展的极致表现，正如阿里巴巴一样，未来全国最大的律师事务所可能没有一位属于自己的律师。而网络庭审在将来的普及将标志着律师工作中最后一块领地也成为网络化的“俘虏”。

网络化代表着新的生产力，尽管律师业有自己的特殊性，但在将来，网络不仅仅是律师从事业务的工具，还将对律师的工作思维和行为方式产生颠覆性影响，网络化是今后律师业发展的一个必然趋势。

十一、种类多样化

截至 2014 年年底，全国共有执业律师 27.1 万人，其中专职律师 24.4 万人、兼职律师 1 万余人、公职律师 6800 余人、公司律师 2300 余人、法律援助律师 5900 余人、军队律师 1500

余人。

社会律师就是我们生活中经常提到的律师，主要是指依法取得律师职业资格证书，接受委托或者指定，为当事人提供法律服务的执业人员，包括专职律师和兼职律师。

公司律师是我国从 2002 年开始试点的，其具有双重身份，既是企业职员又是律师，只向特定的公司服务。公职律师也是从 2002 年开始试点的，目前全国有公职律师约 5000 人，主要是取得律师资格的人为政府机关设立的部门服务，由政府支付薪水，同时不得在社会进行有偿法律服务。

目前，我国律师业中，公司律师和公职律师的比重都偏小，和其他发达国家相比差距较大。党的十八届四中全会公报中提出了“构建社会律师、公职律师、公司律师等优势互补、结构合理的律师队伍”。2016 年 3 月中央全面深化改革领导小组第二十二次会议审议通过的《关于推行法律顾问制度和公职律师公司律师制度的意见》，进一步要求在党政机关、人民团体、国有企事业单位普遍建立法律顾问制度和公职律师、公司律师制度。随着政策的指引，公司律师和公职律师将会增多，律师业的人员结构将更加多样化、合理化。

十二、地位提升化

“律师兴则法治兴，法治兴则国家兴”。律师是法律职业共同体中的重要角色之一，已经成为建设和谐社会、法治中国的积极参与者、推动者，是依法治国不可或缺的重要力量。随着依法治国理念的进一步落实，律师的社会政治地位不断提高，参政议政的渠道不断拓宽。据统计，在 2010 年时全国律师担任各级人大代表或者政协委员的有3000余人。根据2016年3月召开的第九次全国律师代表大会上披露的数字，当时全国共有1445名律师担任各级人大代表，4033名律师担任各级政协委员，其中有27名律师分别担任全国人大代表、政协委员。目前，广州律师中担任全国人大代表的有3人，担任全国政协委员的有1人，担任地方各级人大代表和政协委员的有58人，他们通过参与立法、提案、发言和媒体采访等方式和途径促进国家法治建设。同时，也有越来越多的律师成为各级党委、人大、政府、政协、法院、检察院、人民团体的立法顾问、法律咨询专家、法律顾问、法官检察官遴选委员会委员和特约监督员、观察员、仲裁员等。

党和政府现在也非常重视发挥律师在治国理政过程中的作用。2016年3月中央全面深化改革领导小组第二十二次会议审议通过了《关于推行法律顾问制度和公职律师公司律师制度的意见》，要求在党政机关、人民团体、国有企事业单位普遍建立法律顾问制度和公职律师、公司律师制度。2016年6月中共中央办公厅印发《从律师和法学专家中公开选拔立法工作者、法官、检察官办法》，规定具有立法权的人大常委会的法制工作机构、政府法制部门、人民法院、人民检察院应当从符合条件的律师、法学专家中公开选拔立法工作者、法官、检察官。

相信随着“法治中国”建设的逐步推进和深入，律师的参政议政渠道会不断拓宽，律师的社会政治地位也会进一步提高，这是现代社会发展的必然选择，也是社会文明进步的具体表现。

第二节 天河区律师业发展的优势

广州是“千年商都”，是国家重要中心城市之一，国家历史文化名城，广东省的政治、经济、科技、教育和文化中心，也是我国重要的国际商贸中心、对外交往中心和综合交通枢纽，素有中国“南大门”之称。2016 年，广州市常住人口约为 1400 万人，总面积为 7434.40 平方公里，地区生产总值(GDP)1.98 万亿元，在全国主要城市的 GDP 总量和人均 GDP 排行中，广州市位居第四。随着我国法治建设和广州“四个中心”建设的不断加快，广州律师业也取得了飞速发展。

天河区现在已经成为广州的都市核心区，是广州社会经济发展的排头兵和领军者，具有优越的区位优势和良好的城区环境，承西启东，接北转南，是广州市东进轴与南拓轴交汇点。作为广州的地理中心、经济中心、创新中心、现代都市中心、人才资源中心，影响力辐射包括香港、澳门在内的泛珠三角及东南亚地区。天河区发展律师业具有得天独厚的优势。

一、天河区律师业发展的经济基础

(一)天河区多项经济指标位居前列。天河区地区生产总值、税收总额、社会消费品零售总额、全社会固定资产投资总额、房地产开发总额、城市居民人均可支配收入等指标多年均位于全市各区前列。2016 年实现 GDP 3801 亿元，增长 9%，增速连续两年全市第二，总量连续十年全市第一，第三产业占

GDP 比重达 89.4%。天河区经济结构合理，第三产业发达。天河区市场活力持续迸发。全年新增企业 3.1 万户，增长 47%，占全市 29.2%，其中注册资本超 1000 万元的企业 4576 家，增长33.6%，占全市 36.3%；超 5000 万元的企业 642 家，增长 50.4%，占全市 37.3%；超亿元的企业 101 家；超 10 亿元的企业 2 家。

一个地区的经济发展水平、经济结构直接影响其第三产业尤其是法律服务业的发展水平，律师业与经济发展有很强的正相关性。从以上各项经济指标来看，天河区的经济发展水平位于广州市的前列，随着天河区经济的进一步市场化、法治化和国际化，律师介入各类经济事务的范围和领域将会更加广阔。

（二）天河区企业总部聚集。天河区作为中国南方的企业总部集聚区，2016 年年底有 140 家市级以上总部企业，占全市 38%。160 家世界 500 强企业在天河投资了 225 个项目。

高端经济产业的发展必然需要大量的高素质法律人才，当前广州地区高端法律人才的需求缺口仍持续扩大，能够满足天河区高端的经济产业发展需求的应用型、复合型、国际化法律人才严重不足。这对该地区的法律执业人员是个挑战，但这也表明天河区能为高水平的法律职业人员提供机遇，从而吸引全国各地高素质的法律人才会聚天河区。

（三）天河区交通高度发达。天河区内各种交通资源高度聚集，拥有公路网络、地铁、旅客自动输送系统（APM）、快速公交系统（BRT）等多层次城市交通体系，承担广九线的广州火车东站也坐落在此。广州东站直通香港，还可以半小时内到达广州新白云国际机场、广州火车站、广州南站、黄埔港等多个广州海陆空交通枢纽。天河区已成为包括港澳在内的珠江三角洲“1.5 小时经济圈”的原点和核心。

天河区交通高度发达为该地区律师的工作、生活和交流提供了便利,也方便了全市、全省乃至全国各地的当事人来天河区商谈法律事务。此外,广州和香港地缘相近、人文相通、交流频繁,天河区律师可以通过人才交流学习、业务合作等方式借鉴香港规范、完善法律服务模式。

(四)天河区金融服务汇聚。天河区作为华南金融集聚区,云集了全市 2/3 以上的金融机构总部,拥有 145 家市级以上银行、证券、保险、期货、基金等金融业机构,其中外资银行机构 30 多家。

金融类业务是律师事务所的一项重点业务。传统的银行、保险、证券等典型的金融机构对于外部法律服务的需求不断增大。另一个值得注意的趋势是近年来互联网金融的飞速发展,这种新的经济体与传统金融机构不同,互联网金融有极强的灵活性和变现能力。但由于风控的缺乏、扩张的急速和逐利性过强等特点,导致其风险过大。这一阶段就需要律师参与处理互联网金融风险监管与防范的问题。依托天河区金融服务业的快速发展,天河区律师业将迎来发展的良机。

(五)天河区现代商贸业繁荣。天河路商圈作为华南第一商圈,处于广州新城市中轴线中央位置,汇聚了天河城、正佳、广百、太古汇、万菱汇等一批超大型购物中心,引进国际品牌 80 多个,形成了商用面积超过 210 万平方米的黄金商圈,日均客流量 150 多万人,是广州市最繁华、辐射力最强的现代商贸服务业片区。

现代商贸企业在生存、发展与壮大的过程中必然会遇到诸多法律问题，企业的发展需要律师业的支持，天河区的律师业要适时抓住机遇，强化服务意识，经常性地深入企业中去，了解企业的法律需求，加大法律服务资源投入，满足企业发展需要。

（六）天河区专业服务业体系健全。天河区专业服务体系健全。汇聚了普华永道、毕马威等4家世界知名会计师事务所，仲量联行、第一太平戴维斯等5家国际地产中介机构，众多国内顶级律师事务所、投资咨询机构和外国商会，以及广州市政务服务中心等。天河区有效运用广州市行政审批中心和丰富的商务资源，大力发展法律、会计、审计、评估、咨询、市场研究策划、人才服务等专业服务业，推动专业服务业集聚发展，相得益彰，成为中国南方国际化高端商务服务中心。

（七）天河区新一代信息技术发展迅速。2015年天河区孕育了超过1000家互联网公司，产业突破1000亿元大关，其营业收入达到全国行业的12%。继网易、微信之后，天河又涌现出UC优视、酷狗音乐、欢聚时代等一批互联网创新的“弄潮儿”。天河软件园是国家软件产业基地、国家网络游戏动漫产业发展基地、国家海外高层次人才创新创业基地和首批国家新型工业化（软件和信息服务业）产业基地、国家火炬计划软件产业基地。2011年1月广州市依托天河科技园和软件园，统筹天河区东北部资源，建设总规划面积63平方公里的天河智慧城。

天河区新一代信息技术的发展为该地区律师业带来了新的案件类型，同时也为律师业信息化的发展提供了技术支持。新一代信息技术，能改变过去律师业分散、独立、“单打独斗”的作业模式，有效整合律师资源，提高办案效率，使天河区律师事务所成为一个有战斗力的、高效的团体，为社会提供更好的服务。此外，律师业在运行过程中同样也需要通过完善管理，降低经营成本，提高效率。通过先进的信息化管理，还可以及时发现和处理各种问题和矛盾，规避律师行业的风险，保障律师事务所的良性发展。

二、天河区律师业发展的社会资源

（一）天河区人口众多，构成复杂，法律服务需求大。2017年天河区全区户籍人口88万人，常住人口163万人，还有大量来自全国各地和世界各国的非常住人口。

天河区人口数量庞大，人口构成和来源比较复杂，人们之间的交往非常频繁，社会关系呈现出多样化与复杂化的特点。相应地，人们之间的纠纷特别是民商事纠纷大量存在，这就带来了大量的法律服务需求，为天河区律师业发展带来了巨大空间。

（二）天河区法学院系和律师学院集中，法律后备人才充足。天河区是广州第一人才及科技大区，集聚了65所高校和科研院所，41家国家、省级重点实验室。华南理工大学、华南师范大学、暨南大学、华南农业大学、广东司法警官职业学院等多所高校都开设法学专业，具备普通话、粤语、英语等多种语言能力的现代服务业高端专业人才齐聚，智力资源丰富。天河区境内律师事务所不仅会集了区内知名法律学府的高才生，而且还招来了国内乃至国外法学院校学成归来甚至手持国外律师执业资格证书的“海归”。

此外，广东省四大律师学院有两所位于天河区，其中一所为华南师范大学律师学院。该律师学院律师学院致力于面向社会开展实习律师职前培训、执业律师继续教育培训、律师专业人才培养与律师学理论和律师业务的研究，这有利于提高律师业从业人员的整体水平，有利于加快培养高层次、高技能、复合型律师人才队伍。另外一所为广东司法警官职业学院律师学院。

（三）天河区社会资源丰富，相关配套设施完善。天河区商务配套完善，集聚了总面积达 1500 万平方米的高级写字楼群和 15 家五星级酒店，广州市标志性建筑如中信广场、广州国际金融中心（西塔）、周大福中心（东塔）、大都会等甲级写字楼都位于天河区境内。

天河区餐饮配套丰富，除粤菜外，湘、鄂、川、鲁等国内各大菜系荟萃，日韩、东南亚、欧美等国际餐饮聚集，有“国际美食汇天河”的美誉。

天河区基础教育资源丰富。天河区内有中小学 127 所，幼儿园 172 所，特殊教育学校 5 所，并将新建广州市执信中学天河校区、天河区外国语学校高中部、广州中学、广州奥林匹克学校等 5 所优质中学；区属公办学校重点学科增量、增幅全市第一；公办高中录取分数线全市第一；高中特色课程立项级别和份额全市第一。2017 年天河区公共财政教育支出 32.35 亿元，占公共财政预算支出的比例为 23.43%。天河区区政府对教育的巨大投入使得该地区拥有丰富的基础教育资源，良好的基础教育资源帮助律师解决了子女教育的后顾之忧。

天河区文化和医疗资源丰富。天河区有文化馆 1 个、省特级文化站 21 个。广东省博物馆、广州歌剧院、广州新图书馆、广州市第二少年宫等顶级文化设施也位于区内。天河区拥有6家三甲医院以及其他优质医疗服务机构。

天河区完善的商务、餐饮、教育、文化和医疗等配套设施为律师业的发展提供了全面保障，这也是吸引各地法律从业者会聚天河区的一个明显优势。可以预见，天河区将更加注重民生保障、市政设施、社会事业、公共服务与生态环境，进一步完善该区的城市功能和配套设施，提升天河区在广州市律师业中的综合服务能力。

（四）天河区居民法制观念强，政府法治意识高。天河区市场经济发达，居民的收入水平、受教育程度普遍较高，对法律有一定了解，且天河区的法律公益活动多，司法部门和区内律师事务所经常举办各类普法和法律援助活动，增强了居民的法制观念。

在中国政法大学法治政府研究院发布的连续三年（2013—2015）的《中国法治政府评估报告》，和中国社会科学院法学研究所发布的2013年和2014年《中国政府透明度指数报告》中，广州市政府一直位居中国地方法治政府建设前列。而作为广州市的经济中心，近年来天河区政府法治意识不断增强，坚持依法行政，已经把政府工作全面纳入了法治轨道，走在了广州市各区法治政府建设的前列。

律师制度是人类社会法治文明发展到一定阶段的必然产物。法治越发达，律师制度越成熟、越完善；法治越发达，人民、政府对法律服务的需求也越大。天河区居民法制观念强，政府法治意识高，这为天河区律师业的发展提供了良好的成长环境。

三、天河区发展律师业的独特优势

发达的市场经济，高端的产业方向，强烈的法治意识，规范开明的政府治理，最佳的营商环境，独特的区位优势，这些都为天河区律师业发展提供了深厚的经济和社会基础。除此之外，天河区发展律师业还有一些独特优势。

（一）律师业在天河区已经形成集聚效应。天河区目前律师人数超过4000人，集中了全市40%以上的律师，而且聚集着广信君达、法制盛邦、国信信扬、南国德赛、东方昆仑、金鹏、金桥百信、格林、敬海、北京大成（广州）、北京盈科（广州）、北京德恒（广州）、北京君合（广州）等知名大型律师事务所。其中，不少律师事务所从市内其他区域迁入，同时天河区也是北京等外地强所进入华南的首选。而且，对全省律师队伍实施行业服务和自律管理的广东省律师协会也位于天河区境内。

（二）天河区高度重视和支持律师业发展。律师业属于现代服务业，是法治中国建设的重要力量，天河区高度重视和支持律师业的发展，主要体现在以下两个方面：

一是营造良好的律师执业环境。天河区拓宽律师参政议政渠道，在人大代表、政协委员和党代表中逐步增加律师的比例，吸收律师参加各级各类咨询委员会及专家委员会，认定律师事务所为“总部企业”，律师可以参评“杰出人才”“优秀人才”，充分发挥律师在完善社会治理、维护社会公正中的作用。天河区依法保障律师的执业权利，尊重和协助律师依法履行职责的执业活动，依法查处各类非法提供法律服务的行为，净化法律服务市场。

二是购买律师法律服务。天河区建立健全政府法律顾问网络,组建法律顾问团,街道和具有行政执法主体资格的政府工作部门也建立法律顾问制度。天河区还深化社区法律顾问制度,实行政府购买农村社区法律顾问服务机制。天河区强化律师社会服务功能,组织和引导律师积极参与涉法信访、群体性事件处置等工作,设立广州市中立法律服务社天河分社,引入律师开展法律服务工作。

(三)广东省高级人民法院和省、市人民检察院位于天河区。人民法院与人民检察院是法律从业者接触得最多的两个司法机关。广东省高级人民法院与广东省、广州市人民检察院都位于天河区,这无疑是天河区律师业发展的天然地理优势。天河区便利的交通可以为该地区法律从业者节省大量的时间成本。外地需要到广东省高级人民法院或者广东省、广州市人民检察院进行上诉或者申诉的当事人很有可能会更换原审律师,而选择天河区的律师,这对天河区律师业案源的拓展有很大的帮助。

(四)天河区法律人学术交流机会较多。2014 年 3 月,天河区成立全市第一个区级法学会。天河区境内高校众多,各高校的法学院和省市法学会各学科研究会举办的各类法学会议不断增加,会议上不仅有来自学术界的众多法律学者,还有来自实务界的律师、法官、检察官和公务员,从而加强了天河区律师之间以及律师与其他法律从业者之间的业务交流,也有更多机会与法官及检察官进行专业问题的交流沟通。

第三节　天河区律师业存在的不足

近年来，天河区依靠其区位优势，深入贯彻落实党和国家的政策方针，全面推进依法治国方略，律师行业得到快速发展，律师事务所数量、律师人数迅速增加。大所、强所的市场占有率、影响力进一步增强。与此同时，一批中小律师事务所，创新管理模式，走出了一条律师事务所发展的新路子。天河区律师行业的影响力涵盖整个广州市，辐射珠三角地区。然而，天河区律师业仍然存在自身的不足和改进的空间。

一、常规法律业务竞争非常充分

在传统的诉讼和法律顾问等常规的法律服务领域，天河区律师业的收入虽然增长较快，但律师人数也增长迅猛，由于大部分律师都具备相应的资质和能力，因此竞争非常充分，容易在提供服务的过程中相互压价。

二、高端特色法律服务有所不足

天河区有少部分的律师事务所，如国信信扬、经纶、广信君达、君厚、北京(大成)等律师事务所能够提供融资、证券、并购和资产证券化等方面较为高端的法律业务。但是，上市融资类的主要集中在中小板和新三板，资产证券化的业务也主要集中在基金类。

另外，特色化的法律服务也缺乏有效开展。珠三角地区有很多家族企业，但尚未有足够的律师事务所能够提供专业的家族事业传承和家族利益信托等法律服务。广东是外贸大省，然而在 2015 年 11 月商务部公布的能够为国家涉外业务提供法律服务的四类律师事务所名单库中却没有天河区的律师事务所，这个也在一定程度上说明天河区的律师事务所在反倾销、反补贴、国际条约谈判、国际投资等领域中没有能够提供相应的法律服务，没有能够形成地区特色和优势。

三、国际化程度有待进一步提高

一些律师事务所和律师宣称能够使用英语、日语、法语等提供涉外法律服务，而这些往往是境内具有涉外因素的法律业务，大部分涉外业务是外资企业和外国人在中国境内发生的法律业务。真正能够理解、适用外国法律和国际条约的律师并不多。根据 2015 年 8 月全国律师工作会议披露的数据，目前我国能够熟练办理涉外法律业务的律师不足 3000 人，能办理“双反双保（反倾销、反补贴、保障措施和特别保障措施）”业务的律师不到 50 人，能够在 WTO 上诉机构独立办理业务的律师只有数人。

天河区律师事务所同样存在国际化程度不足的情况。这种情况在以出口贸易和引进外资为主要经济模式的时候，并不会产生很多的问题。但是，在“一带一路”战略下，中国企业加快“走出去”的背景下，大量的中国企业、中国产品、中国技术、中国资本走向世界，在发达国家和发展中国家中将会有各种“本地化”的法律业务和纠纷产生，这就需要中国律师为中国企业、中国人员、中国产品、中国技术、中国资本在海外提供相关的法律服务。但是就目前而言,能够从事该项业务的天河区的律师仍然不足。

四、多数律师事务所规模偏小

截至2016年4月,天河区共有律师事务所197家,其中只有17家律师事务所的执业律师总数超过50人,这一比例还不足10%;还有20%的律师事务所的执业律师人数在5人以下。大型律师事务所数量不足的情况,反映出天河区的律师事务所在发展高端业务领域的竞争优势不强。

此外,天河区律师业还存在收入不均衡、品牌不够强、律师事务所网络平台、大数据和机器智能应用相对滞后等不足之处。

第四节　天河区律师业的发展建议

天河律师业应当在全面建成小康社会、全面深化改革、全面依法治国、全面从严治党,以及服务社会经济转型升级等方面发挥更为积极的作用。为了保障和促进天河区律师业持续、健康发展,本蓝皮书针对不同的主体提出了相应的建议和对策。

一、天河区委区政府加大对律师业发展的支持

天河区律师业的快速发展离不开天河区委和区政府的重视,包括在政策、组织及财政方面的支持。2007年,天河区在全

国率先实施“一村(社区)一律师顾问”工作,探索建立基层公共法律服务体系和政府购买专项法律服务制度,为全国诸多地市所效仿。天河区委区政府进一步加大对法律服务业发展的支持,主要包括以下几个方面:

1. 将律师业发展纳入政府整体规划。律师业是城市社会经济发展整体规划的有机组成部分,天河区律师业的发展需要天河区委区政府的关切和各政府部门的支持,只有将天河区律师业的发展纳入天河区政府发展战略的高度,才能统筹协调各个部门、行业,运用多种政策手段,整体性提升律师业的发展水平。目前杭州、深圳等地已经出台了《律师业发展规划》,广州市南沙区也发布了《律师业发展扶持办法》。因此,建议从政府发展规划角度,将天河区律师业的发展规划纳入政府国民经济和社会发展规划,或将律师业的发展规划列入天河区现代服务业发展规划的重点领域之中,落实保障措施,在宏观政策层面将律师业的发展上升到城市发展战略高度。

2. 改革天河区律师业税收政策。自 2010 年开始,本地律师事务所根据国家税务总局通知,征税方式陆续由核定征收改为查账征收。但由于我国对律师事务所的会计核算没有统一规定,律师业的会计计量和确认问题长时间困扰行业发展。实践中,出现行业税赋失衡的现象,即年收入 500 万元以下事务所享受更多税收优惠,规模所尤其是收入 500 万—2000 万元的事务所税赋加重,律师事务所一定程度上存在“做小盈利,做大亏损”的不合理现象。因此,从促进产业结构转型、促进律师业做大做强的角度,建议政府统筹考虑和制定一套有利于各种类型律师事务所发展的税收政策,如可以参考上海浦东等城区的做法，实行税收增量返还政策。事实上，地方政府过往多有运用差异化的税务扶持政策。

3.加快公共法律服务体系建设。近年来，天河区在健全公共法律服务体系建设方面积累了经验，特别是在全区开展"一村（社区）一法律顾问"以来，政府采用购买服务方式，全面加强法律服务人员、力量配备，积极搭建街道和村居等工作平台，大力支持基层开展法律服务等各项工作，既推进了法律服务体系建设工作，也有效推动了法律人才队伍建设工作。建议在此基础上，进一步完善公共法律服务体系内容，明确统筹领导体制，健全机制和经费保障，充实公共法律服务内容，加大公共法律服务队伍建设，力争为全国公共法律服务体系建设提供"天河样板"。

4.加强律师队伍人才培养和引进。习近平总书记在中央全面深化改革领导小组第十六次会议上强调，要加强律师队伍建设，建设一支拥护党的领导、拥护社会主义法治的高素质律师队伍，充分发挥律师在全面依法治国中的重要作用。律师业作为现代服务业的重要组成部分，天河区要打造"专业服务业强区"，让律师业成为又一支实力强劲的产业新军，核心就需要改革、完善天河区律师业的人才政策。系统的人才政策，应该包括对现有人才的培养、维持及对新增人才的引进、安置两个方面。尤其重要的是，要通过税收返还、租金补贴、户口迁移、子女入学等一系列优惠政策，引导各相关方持续加大对人才培养和引进的力度，以促成政府、行业、事务所、律师团队多层次、复合型培养人才的良好局面。

5.加强对法律服务市场的规范管理，加大对"黑律师"和非法法律咨询机构的整顿;加强对律师执业权利的依法保障,改善律师"会见难""阅卷难""调查取证难"等问题,为法律市场的培育和律师的执业创造良好的外部环境。

6. 落实中央有关规定,在房地产开发、交易,证券发行,海外投资等领域实行鉴证人制度,"把律师专业意见作为特定市场经济活动的必备法律文书"①。

2017年8月,天河区出台《产业发展专项资金支持高端服务业发展实施办法》,加大对律师业的扶持力度,强力助推律师业发展。该《实施办法》首次明确律师业属于作为四大重点产业的商务服务业,并将"法律服务业"单列出来,作为七大其他营利性服务业企业之一,给予资金支持。具体政策包括:上年度营业收入1亿元以上排名行业前5名的给予最高不超过100万元的支持;上年度营业收入增长100%以上的给予最高10万元的支持。此项举措开天河区律师行业扶持之先河,充分体现了天河区政府对律师业的高度重视和大力支持。

二、律师协会规范拓展服务管理职能

律师行业管理以市级律师协会为主,县区不设律师协会。就全国同类律师协会和省内其他社会团体而言,广州市律师协会已经是一个运作较好的行业自律组织,但与本地律师业的宏观发展目标相比,广州市律师协会的工作还有很大的提升空

① 2016年6月中共中央办公厅、国务院办公厅印发的《关于深化律师制度改革的意见》中提出,"充分发挥律师在依法管理经济社会事务中的重要作用,把律师专业意见作为特定市场经济活动的必备法律文书"。

间，有待加强的有以下几个方面：

1. 注重人力资源管理，提高律师参与律师协会工作的积极性。随着“两结合”管理体制的不断规范和拓展，律师协会作为自我管理的社团组织，日益承担起更多的规划发展、教育培训、行业自律、会员奖惩、权益维护、宣传交流等职能。这些职能如何实施，无疑受诸多因素制约，加强协会治理的核心作用，包括管理体系的完善等，在于高度重视人力资源的管理，提高律师会员参与律师协会工作的积极性、责任感和规则意识。

2. 推动律师行业产业研发，助力律师业务拓展和行业转型升级。一方面，广州经济转型升级和社会管理创新，包括法治广州建设，都会对律师行业的市场容量、服务品种、业务结构提出前所未有的要求。广州律师业如何适应这种要求，提供更优质、高效的法律服务，无疑需要律师协会立足管理和服务职能，充分发挥平台优势、集聚优势，有效地组织开展各类研发工作。只有深入研究和剖析律师行业，真正明确律师行业发展的现实诉求，才能通过律师协会平台，对外表达行业意愿，争取党政支持和市场认同。另一方面，现有司法行政部门的年度统计报表，仅能提供宏观上的部分量化数据，比如人员、收入等，远远不能满足当前律师事务所和律师对于行业发展的趋势动态、法律服务市场细分、新型领域拓展等方面的指导性需求。律师协会作为行业服务管理组织，其推动行业产业研发的职能是律师事务所或律师个人所不能替代的，也是行业协会职能的应有之义和律师会员对于协会作用的殷切期盼。

3. 优化继续教育培训，提高行业综合服务能力。律师协会的教育培训工作，应当成为改善广州律师业供给结构、提供服务质量、满足市场需求的有力保障,避免形式化的教育培训考核和大锅饭式的全民普惠。培训体系的设计、培训内容的选择、培训对象的范围、培训时间的安排,应当在充分听取律师会员意见的基础上,结合行业的研发成果,不断地进行优化,从而让律师真正感兴趣、有意愿主动参加培训、争取培训的机会。培训经费的获取,除了在协会会费层面设定一个合适比例的标准外,还应当广开来源,积极争取政府、院校的支持,包括鼓励和支持律师事务所不断加大对律师教育培训的力度。现有的年度考核培训课时制度设计,是针对律师的最低学习要求,侧重对律师的思想政治、职业道德和职业纪律等方面的培训,远远不能满足法律服务业专业化细分和市场拓展的需求。应适时改革,灵活掌握"宽严相济"的评价标准,即对思想纪律方面从严把关,对业务知识学习放宽形式考核。国际贸易、国际投资、国际金融、海商海事等契合行业发展方向,又为广州律师业非常紧缺的高端领域,要集中协会资源,进行专业技能和专业基础知识的培训,选送律师参与国内外专业论坛和培训课程。

4. 规范行业奖惩工作,树立律师良好的社会形象。制定行业规范与奖惩规则,对会员实施奖励和惩戒,是《中华人民共和国律师法》授予律师协会的一项法定职责,也是律师协会区别于一般社会团体和行业协会的显著特点。律师协会作为自律性组织,要积极运用正反两方面典型进行示范和警示教育,提高执业纪律意识,不断完善和规范投诉查处工作,加大律师协会对行业违纪行为的查处力度,进一步增强行业自律意识和自律权能。协会奖惩工作要与协会宏观的发展战略规划相结合、相一致,调整思路,不断优化奖惩规则,创新奖惩的内容和形式，提高奖惩力度，实施奖惩的公开公示，让优秀的行业代表脱颖而出，让损坏行业形象的人受到惩处。奖励设置要更多体现专业化发展、差异化竞争、合作性协同、新领域开拓等方面的引导作用，适当淡化个人英雄主义，倡导团队合作主义；适当淡化规模效应，倡导做精做强。惩戒工作要进一步加强地位和加大惩处力度，适时吸纳党政、法检、媒体、公众参与规则制定和对违纪行为的惩处。对违规、违纪行为的惩处，要进行相应的公开、公示，确保惩处信息及时为律师所知晓，引以为戒。

三、律师事务所优化管理、做精做强

目前，广州已经有了一批竞争力强，品牌、专业突出的规模所和专业所。但从整体来看，广州律师业的发展水平尤其是事务所的管理水平，依然是制约广州律师业实现战略性发展的主要阻力之一。需要从优化定位、加强内部管理、改革分配制度、深化文化建设等方面进一步提升律师事务所规范管理的水平。

1. 优化律师事务所定位。顺应广州法律服务市场快速发展，行业结构转型升级这一大趋势。律师事务所应当在深入分析行业内部竞争格局、科学预判市场趋势的基础上，结合自身的优劣实际，做出明确的市场定位，从而实现与同行之间的差异化竞争，以专业化的优势规避法律服务市场的“红海”，开拓业务“蓝海”。就律师事务所个体而言，任何一家律师事务所都无法满足市场所有的法律服务需求，因此要有所取舍。一定程度上，律师事务所的规模随着市场而逐步发展，是无法选择的。能选择的，是律师事务所的人才战略、市场定位、品牌规划、营销方式。而不管是做大做强还是做专做精，都离不开科学的律

师事务所定位和持之以恒的坚持。

2. 加强内部管理。小所靠主任，大所靠管理。管理催生效益的理念早已被广泛认同。基于中小所为主流的行业律师业态模式，律师事务所的管理意识还远没有强化，合伙人的管理服务水平、风险管理控制、人力资源管理、管理手段运用等，都还停留在相对低层次的水平，迫切需要加强。尽管律师工作更多是一种个性化的智力服务，较难以固化为可视的产品，但对于产品质量、服务流程、风险把控的管理，依然是律师事务所的核心管理内容之一。针对收案、立案、处理、结案、反馈等一系列服务环节，有条件的律师事务所可以探索标准化的管理流程和质量标准体系认证。互联网背景下办公管理软件的运用和新媒体的功能开发，能够更好地提高律师事务所的管理服务效能和管理服务水平。

3. 改革分配制度。品牌建设、人才培养、软硬件投入等，无一不需要人、财、物的持续投入。在这一过程中，如何保障合伙人的投入得到多元和可预期的回报，是改革的关键。分配制度的改革涉及合伙人和聘用律师的切身利益，因此为了合伙律师事务所的长期发展，必须改革现有的分光用净的分配方式。在这一制度的改革中，必须处理好合伙人之间、合伙人与律师之间以及律师之间的关系，建立一个在合伙人、专职高级管理人员、律师和律师助理之间科学的分配制度。在这个制度中，既要考虑各方的眼前利益，又要考虑律师事务所的整体发展。当然具体采用什么样的分配制度，要根据各个律师事务所的定位、组织形式区别对待。对于广大中小提成制律师事务所来说，可以逐步实施局部授薪制为突破口，尽快强化内部管理和对律师的服务。天河区的律师事务所还可以建立律师事务所发展基金,也就是说在合伙制律师事务所合伙人分配中,可以拿出一定比例的资金,作为律师事务所发展基金,为律师事务所进一步发展奠定物质基础。但是,这部分基金不应数额很大,以致挫伤合伙人律师的积极性。

4. 重视文化建设。文化是一个组织的软实力,尤其是在以律师为核心生产要素的律师事务所,以人为本、以文化为主就显得更为重要。基于马斯洛需求层次理论,人在不同阶段的需求是多元的。而这种多元化的需求差异,通过文化建设的路径,能够很好地协调律师事务所内部的利益分配冲突,提升律师事务所的组织凝聚力和人才吸引力。另外,人力资源管理要求律师事务所科学配置各专业的律师力量,同时也应积极吸纳非法律专业的管理、营销、技术人才。如何在律师事务所平台上,降低管理成本,提高组织活力,增强团队归属感,就必然需要借助文化建设的力量。未来法律服务业的竞争也将在很大程度上体现为律师事务所文化的竞争。

四、高校优化教育培养,加强合作对接

作为现代服务业,人才对于律师业的重要性不言而喻。而成功的高等院校法学教育能够有效缩短法律服务人才供给与社会法律服务需求之间的差距。

(一)高校优化教育培养体系,输出优秀的律师从业人才。法学是治理国家、管理社会的治国之学。高校法学教育机构的宗旨,是紧扣时代趋势,培养高品位、高素质、高水平的法学人才。其中,紧密对接律师业,为律师行业培养和输送适应法律

服务市场发展需求的有用之才，也是院校教育工作的重要内容之一。一方面，专业化的市场发展，要求法学专业人才不仅仅懂法学原理，更要术业专攻，在民事、刑事、公司、金融、房地产、海商海事、知识产权、婚姻家庭、劳动人事等领域内有所积累。另一方面，作为社会实践性极强的一种职业，除了需要了解法律类的知识，文书写作、语言表达、逻辑推理、商业礼仪、谈判沟通等实用性的技能也是不可或缺的。因此，院校的法学人才培养，也应当适时改革。既要适时调整现有的课程设置，增加实务性、针对性强的课程供学生灵活选择，包括可以开设涉外贸易、海商海事、金融税务、电子商务等选修课程，也要在教育体系、学分设计等方面，推动法学人才的社会实践教育，如让学生作为“律师进社区(村)”的助理参与实际工作等，让法学人才更早地深入和了解社会，了解律师业，缩短法学教育与律师业用人需求之间的差距。

(二)加强与律师事务所合作对接。律师业是实务应用性极强的法律职业，高等院校法学教育机构应与律师事务所等实务部门保持紧密的联系，强化信息交流。在教育培训上，探索法学院校与律师协会合作培养、院校与律师事务所合作培养的模式，聘任优秀的专业律师充实院校师资力量，建立院校学生实习实践训练基地。在产研互动上，发挥院校在理论研究上的优势，帮助行业进行相关的业务研发，指导行业科学发展。律师协会的专业委员会，可以作为院校产研结合、互动、创新的平台，进行深度的合作。

后　　记

党的十九大引领中国特色社会主义进入新时代，也开启了全面依法治国的新航程。向伟大的“中国梦”进军，法律工作者任重而道远。

天河区经济发展领跑全市，法治建设也不甘落后。2014 年 3 月 13 日，作为广州市第一个区级法学会的天河区法学会正式成立了。天河区法学会成立不久，就把编写《天河区律师事业发展蓝皮书》提上了议事日程。

2015 年 11 月，天河区法学会正式委托华南师范大学律师学院启动这项工作。事非经过不知难，期间由于人事调整等种种原因，蓝皮书的编写工作时断时续，加上不想草率成书，因此直到现在才得以完成。

最后，要感谢所有参与和支持蓝皮书编写的人员，大家共同完成了一件有意义的事。鉴于编者能力所限，书中难免存在错漏和不准确之处，敬请大家批评指正。

编者

2018 年春